중2 MVP
영어 학습법

오직 청소년을 위한 시리즈
씽크스마트가 청소년을 위한 작은 아지트를 제공합니다. 자신만의 공간에서 스스로 던진 질문의 답을 찾도록, 나아가 올바른 길로 걸어가도록 도움을 드립니다.

중2 MVP 영어 학습법
지금이 성적잡는 골든타임이다

초판 1쇄 인쇄 2022년 6월 6일
초판 1쇄 발행 2022년 6월 13일

지은이. 문윤선
펴낸이. 김태영

씽크스마트 미디어 그룹
서울특별시 마포구 토정로 222(신수동) 한국출판콘텐츠센터 401호 전화. 02-323-5609
웹사이트. thinksmart.media
인스타그램. @thinksmart.media
이메일. contact@thinksmart.media

*씽크스마트 - 더 큰 생각으로 통하는 길
'더 큰 생각으로 통하는 길' 위에서 삶의 지혜를 모아 '인문교양, 자기계발, 자녀교육, 어린이 교양·학습, 정치사회, 취미생활' 등 다양한 분야의 도서를 출간합니다. 바람직한 교육관을 세우고 나다움의 힘을 기르며, 세상에서 소외된 부분을 바라봅니다. 첫 원고부터 책의 완성까지 늘 시대를 읽는 기획으로 책을 만들어, 넓고 깊은 생각으로 세상을 살아갈 수 있는 힘을 드리고자 합니다.

*도서출판 사이다 - 사람과 사람을 이어주는 다리
사이다는 '사람과 사람을 이어주는 다리'의 줄임말로, 서로가 서로의 삶을 채워주고, 세워주는 세상을 만드는 데 기여하고자 하는 씽크스마트의 임프린트입니다.

*진담 - 진심을 담다
진담은 씽크스마트 미디어 그룹의 인터뷰형 홍보 영상 채널로 '진심을 담다'의 줄임말입니다. 책과 함께 본인의 일, 철학, 직업, 가치관, 가게 등 알리고 싶은 내용을 영상으로 만들어 사람들에게 제공하는 미디어입니다.

ISBN 978-89-6529-320-0 (43740)

ⓒ 2022 씽크스마트
이 책에 수록된 내용, 디자인, 이미지, 편집 구성의 저작권은 해당 저자와 출판사에게 있습니다.
전체 또는 일부분이라도 사용할 때는 저자와 발행처 양쪽의 서면으로 된 동의서가 필요합니다.

중2
MVP
영어 학습법

지금이 성적 잡는 골든타임이다

문윤선 지음

프롤로그

어쩌다 15년째
영어 학원 원장이

어쩌다 중2가 된 15살에게 알려주는 MVP 영어 학습법!

"야, 너 영어도 못 하잖아! 너가 무슨 영어학원을 해?"

주변에서 이런 소리를 들으며 영어 학원을 창업한 지 벌써 15년째가 되었다. 어떻게 영어를 못 하던 사람이 영어를 잘하게 됐냐고 묻는다면 나의 대답은 항상 똑같다. 학생의 교재로 학생들과 똑같이 공부했기 때문이다. 영어 학원 창업과 함께 시작한 영어 공부는 학생의 수준에서 시작해서 학생과 함께 성장했다.

초등학생부터 가르치던 학생들이 중학생이 되고 학교 시험 대비를 해주며 학생들의 성적에 함께 울고 웃었다.

학생들이 다 잘하면 좋겠지만 어디에나 못하는 학생은 있다. 그리고 잘하는 학생과 못하는 학생의 차이는 중학교 때부터 보이기 시작한다. 초등학교 시험이 모두 100점이었다면 중학교 시험점수는 100점부터 60점까지 다양하게 나온다. 그리고 고등학교에 가면 1등급부터 9등급이 있다. 중학교 때부터 이미 영포자가 생기고 있고 고등학교에 가면 그 차이를 극복하기는 쉽지 않다.

현재 초등학교에 영어 중간/기말고사가 없고, 중학교 1학년은 자유학년제이다. 15살, 중학교 2학년이 되었을 때 처음 중간고사를 보고 영어성적이 나온다. 그리고 요즘 현장에서는 영어 실력이 참담한 학생들을 많이 만난다. 분명히 초등학교 때부터 영어학원도 다녔고, 학교 영어도 어렵지 않다는 아이들이 기본적인 동사도 못 찾는 경우가 빈번하다.

나도 15살에 영어를 포기했었다. 중학교 1학년 때 알파벳을 처음 배웠고, 2학년이 되니 문법 용어가 쏟아졌다. to부정사나 관계대명사 같은 문법을 배웠으나, 하나도 이해하지 못하고 외웠다. 영어 지문을 보면 단어도 모르고, 단어를 찾아도 해석을 못 했다. 그 상태로 난 고등학교 졸업 때까지 제대로 된 영어 공부를 해본 적이 없다.

6

그래서 나는 영어를 못 하는 학생들이 영어를 못 하는 이유를 안다. 내가 이해가 안 되던 부분을 학생들도 똑같이 어려워했고, 그래서 더 이해하기 쉽게 가르치는 방법을 고민했기 때문이다.

　고작 15살은 영어를 포기하기엔 너무 아까운 나이다. 실제로 성인들이 다시 영어를 시작하려는 수준은 대부분 중학교 교과서 수준을 크게 벗어나지 않는다. 글로벌 시대이고, 영어가 국제공용어이고, 이런 거창한 이유가 아니더라도 우리 학생들에게 영어는 중요하다. 국, 영, 수 중요과목 중 하나이고, 수능에서도 4가지 영역 중 하나를 차지한다. 중학교 2학년 때 영어를 못 따라가거나, 기초가 잡혀있지 않다면 수능 때까지 영어는 계속 힘들 것이다.

　현재 중학교 2학년 학생들에게 말해주고 싶다. 아직 포기하기엔 너무 이르다. 중학교 첫 시험점수가 혹시 좋지 않더라도, 그리고 영어가 어려워지기 시작했더라도 아직은 영어를 더 열심히 공부해야 할 때이다! 고작 15살 어린 나이에 영어를 포기하지는 말자!

Chapter 1 왜 중학교 2학년인가?
영어 골든타임을 놓치지 말자!

Chapter 2 꾸준히! 그리고 높은 단계까지!
가장 빠른 영어 성공 로드맵

Chapter 3 MVP 학습법 : 마인드맵(Mind Map)으로 영문법 잡기!

Chapter 4 MVP 학습법 : 단어 습관(Voca Habit)으로 영단어 잡기!

Chapter 5 MVP 학습법 : 패키지 독해(Package Reading)로 독해 공부! 인생 공부!

Chapter 6 15살! 영포자를 선택하기엔 너무 어리다!

1

CHAPTER

왜 중학교 2학년인가?
영어 골든타임을 놓치지 말자!

1

중학교 2학년은
영어학습의 골든타임

– 학교 시험이 안 보인다

1. 왜 중학교 2학년이 골든타임일까?

골든타임 (Golden hour)

'환자의 생사를 결정지을 수 있는, 사고 발생 후 수술과 같은 치료가 이루어져야 하는 최소한의 시간'

영어학습의 골든타임은 영어성공을 결정지을 수 있는 중학교 2학년이다!

이 글에서 영어학습의 골든타임을 중학교 2학년으로 정한 것은 이 시기를 놓쳤을 때 대입까지의 영어학습이 힘들어지기 때문이다. 혹시 이 시기에 학습의 구멍이 있다면 빨리 개념을 다시 정리하고 넘어가야 한다. 영어 실력에 구멍이 있는지 없는지의 진단은 간단하다.

- 중학교 2학년 디지털교과서를 스스로 듣고, 따라 말하고, 읽고, 해석하는 것이 가능하다.
- 첫 내신 점수에서 90점 이상 나온다.

혹시 스스로 교과서 본문 해석이 되지 않거나 내신 성적에서 아쉬운 점수를 받았다면, 빠른 응급처치가 필요하다. 골든타임은 생사를 결정할 수 있는 중요한 시간이고, 빨리 치료해야 하는 최소한의 시간이기 때문이다.

영어학습의 골든타임은 중학교 2학년이다.
중학교 1학년이라면 더 좋다.
초등학교 5, 6학년이라면 더더욱 좋다.

중학교 2학년은 기초를 놓쳐버린 영어를 살릴 수 있는 마지막 골든타임이다. 이 골든타임을 놓치면 영어라는 과목은 앞으로 계속 힘들고 괴로운 과목으로 남을 것이다.

2. 중2까지 학교 영어 성적이 안 보인다!

2016년 중학교 자유학기제가 시작되었고 2017년 초등학교 일제고사가 폐지되었다. 이때부터였던 것 같다. 학교 시험이 사라져 버렸다. 초등학교 3학년 때부터 중학교 1학년까지 시험성적을 구경할 수 없다. 학교에서는 수행평가로 학생들의 영어 수준을 평가하고 있지만 시험 점수에 익숙한 학부모님들은 아이가 잘하고 있는지 못 하고 있는지 잘 모른다. 정작 학생들도 영어가 조금 어려워졌다고만 생각하고 중학교 1학년 중요한 시기를 그냥 넘겨버리는 경우가 많다. 그리고 중학교 2학년 때 첫 시험에서 만족스럽지 못한 결과를 받고 나서 급하게 방법을 모색한다. 그리고 이때부터 이미 중학교 교실에는 많은 영포자가 생겨나기 시작했다.

2018년 공교육에 디지털교과서가 도입되었고 영어 교과서 수준은 높아졌다. 학생이 직접 핸드폰이나 태블릿을 통해 교과서를 만져보며 듣기, 말하기, 읽기, 쓰기 4가지 영역을 공부해야 하는 것이 학교 디지털교과서이다. 문제는 이 디지털교과서가 대부분의 학교에서 동영상을 틀어주는 것으로 끝나고 대부분의 학생은 직접 만져볼 기회조차 없다는 것이다. 그리고 아이들은 여전히 학교 시험으로부터 자유롭다.

3. 학교 영어 첫 평가는 중학교 2학년 때!
– 초등학교 3학년부터 중학교 1학년까지 –

A. 초등학교 영어는 3·4학년과 5·6학년, 2단계로!

초등학교 3학년 때 영어 교과서를 처음 받았던 기억이 날 것이다. 예쁜 그림이 가득하고, 알파벳부터 시작하는 교과서는 어렵지 않았을 것이다. 초등 3·4학년 교과서는 짧은 노래와 챈트 위주로 쉽게 구성되어 있다. 대부분 학생에게 이때의 학교 영어는 그리 어렵지 않고, 파닉스만 잘 잡혀 있으면 학교 수업을 따라가는 데에 무리가 없다.

초등학교 5·6학년이 되면 짧은 이야기로 이루어진 단락이 나온다. 이때부터는 문법 기초가 필요하다. 특히, 우리말과 영어는 어순이 다르기 때문에 독해를 하려면 동사를 구별할 수 있어야 한다. 초등학교 5·6학년 때 문법 기초를 제대로 쌓아나간다면 제일 이상적인 학습 단계를 거치게 된다.

초등학생이 문법을 공부한다고 하면 중학교 문법 문제집을 푸는 것으로 생각하는 경우가 많다. 그렇게 되면 대부분의 경우 단어만 외우거나, 문제 풀이에만 집중하고 정작 개념정리를 놓친다. 초등학생 문법 공부는 문장에서 동사를 찾고, 영어 어순에 맞게 해석할 수 있으면 된다. 동사만 제대로 찾을 수 있어도 중학교 영어가 갑자기 어려워지지는 않을 것이다. 혹시 지금 중학교 영어가 어렵다면, 중학생이 되니 갑자기 영어가 어려워진 것이 아니다. 초등학교 교과서의 기초학습을 소홀히 하지 않았는지 점검해 보자!

B. 중학교 1학년은 영어학습의 가장 중요한 시기! 그리고 자유학기제

사실 영어학습에서 가장 중요한 학년은 중학교 1학년이라고 생각한다. 교과서에 본격적으로 본문이 등장하고, 문법 포인트가 등장하기 때문이다. 교과서에 모르는 단어가 많다면 초등어휘에 문제가 있는 것이고, 해석이 안 된다면 기초문법에 구멍이 있는 것이다. 그러나 초등학교 때 영어에 구멍이 있다고 해도 중학교 1학년 때 기초만 잘 잡아주면 앞으로의 영어학습이 수월하다.

그런데 안타깝게도 현재 이렇게 중요한 시기인 중학교 1학년은 자유학년제로 중간고사와 기말고사를 보지 않는다. 교과서 수준은 어려워졌지만 잘 몰라도 그냥 넘어가 버리는 학생들도 있다. 객관적인 시험점수가 없으니, 학교 수업을 잘 못 따라가고 있어도 심각하게 생각하지 않는 것이다.

그리고 중학교 2학년이 되면 첫 중간고사를 본다. 점수가 나왔을 때야 비로소 뭔가 잘못되었다는 느낌을 받는다. 중학교 2학년이 중요하다는 것은 첫 중학교 시험 결과가 나오는 시기이기 때문이다. 그리고 중학교 2학년은 아직 고등학교 때까지 구멍 난 영어 실력을 채워나갈 시간이 남아 있다.

내신 만점의 유혹
– 중2부터 내신 전쟁

학교 시험 70점의 의미

보통 중학교 영어 내신 평균은 60점대이다. 70점이면 중간은 하는 것일까? 영어는 시험점수 차이가 크게 나는 과목 중의 하나이다. 한 반에 100점도 많고, 50점 이하의 점수도 많다. 학교 내신 시험은 점점 어려워지고, 영어를 잘하는 학생은 더 잘하고, 못하는 학생은 거의 영포자 수준이다. 중학교 첫 영어점수가 70점이라면, 명백히 중간 이하의 점수이고 기초 문법이 잡혀 있지 않을 가능성이 높다.

"영어 시험 잘 봤니?"

".....""

"잘 못 봤어? 몇 점인데?"

"70점이요."

엄마는 말문이 턱 막힌다. 이미 엄마의 표정 관리는 실패했고, 아이는 시무룩한 표정으로 더 이상 말하기 싫다는 듯이 방으로 들어가 버린다.

'그동안 영어 학원에 투자한 돈이 얼만데, 몇 점이라고?'

기가 막힐 노릇이다. 영어유치원까지는 아니어도 유치원부터 영어를 했다. 아이는 영어라는 새로운 언어에 흥미를 느꼈고, 영어가 재미있다고 했다. 초등학교 1학년부터 동네에 좋다는 영어 학원을 보냈다. 초등학교 고학년이 되었을 때는 문법이 필요하다고 해서 중학 전문학원이라는 곳도 보냈다. 코로나라고, 자유학기제라고, 중학교 1학년 때 잠깐 쉬긴 했지만, 아이의 첫 영어 성적은 너무 실망스럽다. 뭐가 문제였을까?

아이도 화가 나기는 마찬가지다. 시험 기간이라고 영어학원, 수학학원을 가느라 정신이 없었다. 숙제도 많았고, 문제집도 열심히 풀었다. 사실 틀린 문제도 다 아는 문제다. 실수했을 뿐이다. 그래도 70점은 너무했다. 친구들 중에는 잘 본 친구들도 많던데, 나만 못 본 것 같아 속상하다. 문법 문제는 볼 때마다 헷갈린다. 에이~ 시험이 너무 어려웠던 것 같다. 다음에는 잘 볼 수 있을까?

1. 내신만점!

우리 동네 학원가의 영어 학원 간판을 한번 세본 적이 있다. 한 건물에 3개씩 있는 경우도 있고, 대형학원은 2~3개 층을 사용하기도 한다. 대로변에 적어도 20개 이상의 영어학원 간판이 보인다. 한마디로 영어 학원은 너무 많다. 그리고 모든 영어 학원이 나름 차별화된 전략을 가지고 홍보를 한다.

"원어민 교사와 자연스러운 영어습득"
"영어원서 1,000권 읽기"
"애니메이션으로 재미있는 영어 따라 말하기"
"미국 교과서로 영어정복"
"한국에서 어학연수의 효과를!"

어떻게 보면 학교 영어와는 조금 동떨어진 새로운 세

계이다. 대다수의 어른도 하지 못한 영어정복을 초등학생 대상 어학원들은 아이들이 영어를 자유롭게 구사할 수 있다고 광고한다. 그런데 중학영어학원 문구는 조금 다르다.

"내신만점!"

중학교 학원을 찾아보면 초등 영어 학원들의 화려한 수식어구가 단 하나로 정리된다. 바로 중학교 2학년 영어 내신이다. 이때부터는 영어 발음도, 영어 말하기도, 원서 읽기도 그리 중요하지 않다. 영어 내신이 좋지 않으면 영어를 못하는 학생이 되고, 영어 내신이 좋으면 영어를 잘하는 학생이 된다.

중학교 2학년 첫 시험이 끝나면 학생들도 영어학원에 대한 고민을 한다. 다니던 학원을 계속 다녀야 할지 중학교 전문 대형학원으로 옮겨야 할지를 고민한다. 또는 친구들이 많이 다니는 학원을 가야 할지, 성적이 좋은 친구가 가는 곳을 가야 할지도 걱정이다.

성적 한번 떨어졌다고 다니던 학원을 꼭 옮겨야 하는 것도, 친구들이 많은 중학 전문 대형학원에 가야 하는 것도 정답은 아니다. 그리고 기초가 없는 상태에서 영어 내신 점수를 올리겠다고 내신 문제집만 반복해서 풀어야 하는 것도 정답은 아니다. 중요한 것은 당장 내신 점수 몇 점을 올리는 것이 우선 목표가 아니고, 영어의 기초를 잡는 것이 우선이 되어야 한다. 그래야 고등학교 영어까지 길게 갈 수 있다. 내신 성적을 잡겠다고 중학교 내내 문제집 풀이만 한 학생은 고등학교에 가서 내신과 모의고사 점수에서 다시 한번 위기를 맞는다. 그때는 이미 골든타임을 놓쳐버렸기 때문에 몇 배는 더 힘들고 만회하기도 쉽지 않다.

  꼭 기억했으면 좋겠다. 중학교 2학년 첫 내신 점수가 좋지 않았다고 영어가 망한 것은 아니다. 지금부터라도 차근차근 기초부터 채워 구멍을 메워 나간다면 아직 골든타임을 놓친 것은 아니다. 시험점수에 단기 목표를 두지 말고, 진짜 영어 실력에 장기 목표를 두었으면 좋겠다. 시험 한번 못 봤다고, 고작 15살 중학생의 영어 인생이 끝난 것은 아니다. 아직 4년이 넘는 시간이 남아 있다!

2. 학교 수업이 최우선이다!

"학교에서 받은 프린트 있니?"

"아니요."

"이번에 외부지문 나온다며? 수업한 거 있지?"

"아니요."

"그럼, 학교 교과서 좀 가져와 볼래?"

내가 받은 교과서는 거의 새것이었다. 이미 학기가 끝나가는 데도 말이다. 밑줄 하나 없는 깨끗한 교과서를 보며 학생에게 물어보았다.

"이번 기말고사 시험문제 누가 내실까? 내가 내니?"

"학교 선생님이 내시겠죠."

"근데, 넌 왜 학교 선생님 수업은 안 듣고 학원에서 내신 공부를 하냐?"

학원에서 중학생 내신 대비하는 방법은 거의 비슷하다. 단어를 외우게 하고, 문법 포인트를 가르치고, 교과서 본문을 암기시킨다. 문제집을 풀고 틀린 문제를 설명해 주고, 다시 문제집을 풀린다. 특히 기초가 부족한 학생이라면 암기와 반복 말고는 방법이 없다. 단어를 모르면 단어시험을 반복해서 보고, 해석과 영작을 못 하면 교과서 본문 빈칸 채우기를 하며 암기시킨다. 그렇게 해서 일단 성적이 조금 오른다 해도, 다음번 내신에서 그 학생의 영어 실력이 좋아졌다고 보긴 힘들다. 다시 암기와 반복 학습을 도와줄 뿐이다.

그리고 요즘 중학교 학교 내신시험이 어려워지고 있다. 교과서 지문도 그대로 나오지 않고 변형되어 나온다. 영어 수업 시간에 다룬 다양한 독해 지문을 활용하기도 한다. 그리고 문법도 틀린 문장 하나 찾는 객관식이 아닌, 여러 문장에서 틀린 문법을 모두 찾아내야 하는 문제가 나온다. 이렇게 되면 문제집만 반복해서 풀어서는 해결되지 않는다. 이렇게 시험이 어려워지면 특히 기초가 부족한 학생들일수록 점수가 많이 떨어진다. 단순 암기로는 응용력을 키울 수 없기 때문이다.

학교 영어 시험을 잘보고 싶다면 지금 당장 교과서에 필기하는 것부터 시작하자! 내신시험은 당연히 학교 수업 시간에 선생님이 수업하는 내용이 가장 중요하다. 시험공부의 핵심은 반복이다. 어차피 여러 번 반복 학습이 필요한 공부라면 학교 수업 시간에 한 번 더 반복하는 것이 가장 도움이 많이 될 것이다.

이번 생은 영어 망했어요.

– 중2 학생의 상담

"어머님, 아이 기말고사 시험 성적은 알 수 있을까요?"

학원에서 중학교 2학년 학생의 상담은 쉽다. 그냥 내신 점수만 알면 된다. 물론 내신이 90점 이상 안정적일 경우 독해 실력과 문법을 다시 한번 평가하지만, 대부분의 아이들은 내신성적이면 어느 정도 실력을 알 수 있다. 한 반에서 90점 이상은 10%가 넘지 않기 때문이다.

"첫 시험은 80점 정도 나왔는데, 기말고사 때 조금 떨어졌어요. 너 몇 점이었지?"

"몰라."

· 아이는 고개를 푹 숙이고 화난 표정으로 앉아있다. 상담에 별 관심도 없고, 엄마와 상담 테이블에 앉아있는 자체가 짜증이 가득한 듯했다. 나의 첫 질문은 항상 똑같다.

"넌 영어가 좋니?"
"완전 싫죠."

'그래, 니 마음 내가 안다. 초등학교 1학년 때부터 한 번도 안 쉬고 학원을 다닌 영어가 결과도 안 나오고, 점점 어려워지기만 하니 재밌겠니?'

초등학교 영어시험이 없어지고, 자유학기제를 거친 요즘, 중2를 만날 때 유독 낮은 점수를 자주 접한다. 그래도 몇 년 전까지만 해도 영어를 못 하는 아이가 오면 70점대였다. 요즘은 50점~60점대 아이들도 많다. 그 정도면 아예 영어를 안 한 것 같지만 놀랍게도 꾸준히 영어 학원을 다닌 경우도 많다.

1. 문법이 어려워요

중학교 2학년 이상 학생들은 모두 이렇게 얘기한다. 그 문법이 어디서부터 어디까지인지 모르겠지만 일단 무조건 문법이 어렵다고 한다. 학교 내신이 문법에 맞춰져 있어서 더 그렇다. 문법 문제집도 풀고 내신 대비 공부도 했다고 한다. 공부를 했는데 왜 성적은 안 오르고 영어는 계속 어려울까?

초등학교 5, 6학년 교과서부터 영어 문법의 개념이 나온다. 동사를 알아야 하고, 부정문과 의문문도 알아야 한다. 중학교 1학년 때는 초등학교에서 배운 문법 기초지식을 교과서에서 확인한다.

- 품사 (명사, 동사, 형용사, 부사)
- 자리 (주어, 동사, 목적어, 보어, 수식어)
- 동사 (be동사, 일반동사, 조동사)
- 동사변형 삼총사 (to부정사, 동명사, 분사)

위의 4가지 개념은 알고 있어야 중학교 1학년 교과서를 해결할 수 있다. 그리고 중학교 1학년 교과서를 제대로 해결하면 중학교 2학년과 중학교 3학년 교과서는 저

절로 해결할 수 있다.

만약 지금 초등 5학년부터 중학교 1학년까지의 문법에 구멍이 나 있다면 당장 중학교 2학년 내신 대비를 하기 쉽지 않다. 3년 치를 한 번에 벼락치기 해야 한다는 것이고, 벼락치기의 결과가 오래 유지되지도 않는다. 갑자기 중학교 2학년이 되니 문법이 어려운 것이 아니라 이미 초등학교 고학년 때부터 학교 영어 과정을 놓치고 있을 가능성이 높다는 것이다.

이렇게 기초 문법이 부족한 상황에서 중학교 2학년 때 6년 만에 처음으로 시험점수가 찍힌 성적표를 받았는데 성적이 좋지 않다고 가정해 보자. 이 아이들이 할 수 있는 최선은 무엇일까? 지금부터 대입까지 남아있는 4년의 시간 동안 부족한 6년 치 영어를 채워야 한다. 이제 낭비할 시간이 없다.

여기에서 얘기하는 문법은 보기 5개 중에 정답을 고르는 문법을 얘기하는 것이 아니다. 무조건 외우고, 문제 풀고, 답을 맞히는 죽은 문법이 아니란 말이다. 문법은 영어 문장의 최소한의 규칙이다. 최소한의 규칙을 모르고 외국어를 배운다는 것은 불가능하다. 중학교 2학년!

문법이 어렵다면 진짜 문법 공부를 다시 시작해야 할 때
이다.

2. 잘하고 싶죠. 성적도 오르고 싶고!

시험 대비 기간에 숙제도 안 하고 공부를 너무 하기 싫
어하는 학생에게 화를 냈었다. 그때, 고개를 푹 숙이며
그 학생이 한 말이다.

"저도 잘하고 싶죠. 성적도 오르고 싶고, 공부 못하고 싶
은 애가 어딨어요?"

그 말이 계속 마음에 남았다. 사실 그 학생 잘못만은
아니다. 초등학생 때부터 영어학원을 다녔고, 단어도 열
심히 외우고, 영어 학원 숙제도 했다. 그때는 영어가 그
렇게 어렵지 않았다고 한다. 중학교 2학년 첫 영어 시험
점수가 70점대였다. 점수는 계속 떨어졌다. 그리고 중3
을 앞두고 우리 학원에 왔다. 이 학생은 첫 테스트 결과
be동사와 일반동사의 의문문, 부정문도 만들지 못했고,
영작은 손도 대지 못하는 상태였다. 그런데 문법 문제집
은 to부정사, 관계사, 가정법 등 다 풀어봤다고 한다. 이
쯤 되면 영어는 외워도 자꾸 잊어버리고 머리만 아픈 과

목일 수밖에 없다. 이제 고등학교까지 남은 시간은 1년, 과연 이 학생의 내신성적을 어디까지 높일 수 있을까? 올린다고 한들 과연 고등학교 모의고사를 풀 수 있을까?

일단 지금 당장 영어 실력이 부족하다면, 내신에 집중한 학습보다는 기초를 쌓아가는 과정이 우선이다. 나는 신규 상담을 할 때, 영어 기초 실력이 없는 학생의 경우 당장 내신 점수를 기대하지 마시라고 부모님께 당부드린다. 노력 대비 오르지도 않을뿐더러, 반짝 점수가 오른다고 해도 고등학교까지 버텨낼 힘이 없다. 일단 스스로 문장을 읽고 해석할 수 있는 능력은 필수이다. 그게 돼야 문법도 보이고, 본문 암기도 가능하다.

지금 당장 무슨 말인지 단어도 모르고, 해석도 안 되는 중국어나 아랍어를 외워야 한다면 어떨까? 영어가 힘든 아이들 입장에서는 아무리 영어를 오래 공부했어도 그냥 외계어로 보일 뿐이다. 일단 문장이 보여야 한다. 그리고 문장이 보이는 가장 빠른 지름길은 문법이다.

올해의 MVP 선수는 1명이 아니다!
- 수능 절대평가

1. 왜 영어 공부를 할까?

"글로벌 시대에 자유로운 외국어 구사를 위해서?"
"영어로 된 원서를 읽으며 다양한 지식을 쌓으려고?"
"자막 없이 영화를 보고, 미드를 즐기기 위해?"

위의 대답들이 모두 틀린 얘기는 아니지만, 여기에서는 조금 더 현실적인 이야기를 하려고 한다. 일단, 대입까지 우리 중2 아이들의 영어 공부 목적은 하나다.

대학 가려고!

대학을 가려면 중학교 2학년 때 어느 정도 기초는 잡혀 있어야 한다. 실제로 고등학교에 가보면 중학교 때 내신 90점 이상 받던 아이들도 3등급, 심한 경우 4등급까지 떨어진다. 모의고사 3등급은 70점 이상, 4등급은 60점 이상이다. 듣기평가 점수가 무려 37점인 것을 생각하면 모의고사 4등급은 참담한 점수이다. 그럼 중학교 내신 90점 이상 받던 실력은 어디로 갔을까?

중학교 내신시험과 고등학교 모의고사는 수준 차이가 크게 난다. 중학교 시험의 시험 범위는 교과서 2과 정도이다. 본문 2개, 문법 포인트 4개, 회화 4종류만 외우면 시험 준비를 할 수 있다. 그리고 문법 문제 자체도 보기 속의 밑줄 부분이 맞는지 틀리는지만 알면 풀 수 있는 문제들이다. 서점만 가도 중간고사 대비, 기말고사 대비 문제집이 잘 나와 있다.

그런데! 고등학교 모의고사는 다르다.

시험 범위가 없다.

단어를 어디서부터 어디까지 외워야 3월 모의고사를 대비할 수 있는지, 6월 모의고사를 대비할 수 있는지 알 수 없다. 굳이 범위를 정하자면 고등단어 3,000개이다.

(당연히 중학교 때까지 교과서 단어는 모두 알고 있어야 한다.) 그리고 중학교 때와 달리 문법은 범위가 없다. 문장의 형식부터 도치까지 모든 문법을 알고 있어야 한다. 어법 관련 문제는 단 1문제이지만 그렇다고 그 1문제 포기하면 문법을 몰라도 되는 것도 아니다. 문법을 모르면 독해 자체가 불가능하기 때문이다. 영어 한 문장의 길이는 보통 2~3줄이 넘어버리고, 심지어 4줄이 한 문장이기도 하다. 절대 문법 지식 없이 단어만 때려 맞춰서 할 수 있는 독해가 아니다. 게다가, 단어와 문법을 알아도 글의 논리적 흐름을 모르면 틀린다.

현실이 이렇다 보니 중학교 시험을 못 보면 열심히 안 했다고 학생을 탓할 수 있지만, 고등학교 모의고사를 못 보면 열심히 하고 안 하고의 문제를 논할 수 없다. 그냥 실력이 없는 것이다. 즉, 영어로 된 글을 읽고 이해할 능력 자체가 없는 것이기 때문에 단기간에 결과를 보기도 쉽지 않다. 그래서 중학교 영어 공부가 중요한 것이다. 고등학교에 가면 다른 과목 전혀 공부 안 하고 영어만 해도, 성적향상은 정말 하늘의 별따기이다.

2. 수능 영어는 절대평가

> \# MVP (Most valuable player)
>
> 일정 기간 진행된 운동 경기에서 가장 우수한 성적을 거둔 최우수 선수
>
> 영어학습의 MVP는 수능 1등급을 받은 학생들이다.

　매 시즌 야구경기가 끝나면 MVP 선수를 뽑는다. 역대 MVP 선수 중에는 선동열, 이종범, 이승엽, 이대호 등이 있었다. 평생 한 번 받기도 힘들다는 MVP를 이승엽 선수는 무려 다섯 번이나 받았다. 그래서 이승엽 선수는 대한민국 국가대표 역대 최고의 타자였으며, 대한민국의 영원한 4번 타자로 남아 있다.

　이처럼 MVP는 아무나 받을 수 있는 상이 아니다. 치열한 경쟁에서 살아남아, 최고의 성적을 낸 선수만 받을 수 있다. 나는 이 MVP가 우리 아이들의 입시와 닮아 있다고 생각한다. 중학교 3년, 고등학교 3년을 치열하게 공부하고, 최고의 성적을 내야만 SKY에 갈 수 있다. 서울대, 연세대, 고려대 입학 정원이 1만 명이 채 안 되는 걸

보면 MVP는 전국 상위 2%만 받을 수 있는 귀한 상이다. 그리고 원하는 진로에 맞는 희망 학과에 진학할 수 있는 비율은 이보다 낮을 것이다.

모든 초등학교, 중학교 학부모들과 학생들은 이 MVP를 간절히 바란다. 초등학교를 졸업하고 혹시 중학교 출발이 좋지 않아도, 아직 늦지 않았다는 기대를 하게 된다. 그런데 고등학생이 되고 등급이 매겨지면 상위권을 제외한 대부분의 학부모와 학생들은 무기력해진다. 이제 SKY라는 MVP까진 바라지도 않는다. '서울 안의 대학만 가면 좋겠다.'라는 마지막 희망을 끈을 놓지 못한다. 서울 15개 대학 모집인원은 4만 8천 명이다. 매년 수능에 응시하는 인원을 50만 명 정도로 볼 때 10% 정도이다. 이것도 결코 쉬운 일은 아니다.

수능 영어는 절대평가이다. 그런데 절대평가라고 90점이 넘는 아이들이 항상 10%씩 되는 것은 아니다. 실제로 고3 모의고사의 1등급은 4~5% 정도이고, 비율만 보면 상대평가와 그리 다를 것이 없다. (2022학년도 수능에서 영어 1등급은 6.25%였다.) 3점짜리 킬러문항이라고 불리는 문제들의 내용이 어려워지고, 빈칸 추론, 순서 찾기 문제들이 요령으로는 풀 수 없게 점점 바뀌고 있다. 이제, 주제는 첫 번째 문장에 있고, 순서 찾기 문제에서 A부터 시작하지 않는다는 등의 요령은 깨졌다. 듣기평가까지 갑자기 짧게 끝나버려 당황스럽게 하고, 쉽다고 생각한 주제 찾기 부분에서는 함축적 의미를 묻는 문제가 추가되었다. 한마디로 90점 이상을 받기가 점점 힘들어지고 있는 것이다.

그럼에도 불구하고! 나는 절대평가가 다른 영역과 달리 조금의 희망은 있지 않을까 생각한다. 영어로 된 글을 제대로 읽을 수 있다면, 그리고 난이도와 상관없이 영어 실력을 탄탄히 갖춘다면 더 많은 아이들이 90점을 넘을 수 있을 것이다. 앞으로의 나의 MVP들은 조금 더 많이 수능 1등급의 벽을 넘었으면 좋겠다. 한 때 영포자였고, 아이들과 함께 차근차근 영어실력을 키운 내가 할 수 있으면 우리 아이들도 할 수 있다고 믿는다.

3. 목표부터 제대로 잡자! 수능 영어영역 1등급!

이제 영어학습의 로드맵을 제대로 만들었으면 좋겠다. 목적은 하나이다. 수능 1등급! 지금 중학교 2학년이라면 수능 1등급이라는 목적지에 가기 위해 지도를 잘 만들어야 한다. 가는 길에 시행착오는 있을 수 있지만 건너뛰기는 안 된다. 한 단계 한 단계 차근차근 진행해야 한다. 기초가 부족한 실력은 무조건 무너지게 되어 있다. 앞으로 남은 기간 동안 최대한 효율적으로 목표를 달성할 수 있는 로드맵을 만들어보자!

중학교 내신 / 고등학교 (모의고사 / 내신) / 수능

| | 중학교 내신 | 고등학교 | | 수능 |
		모의고사	내신	
시험 범위	교과서 2과	범위 없음	교과서, 모의고사, EBS 문제집	'영어Ⅰ', '영어Ⅱ' 과목을 바탕으로 한 다양한 소재의 지문과 자료
시험 대비 문제 집	교과서 자습서, 평가문제집, 중간/기말 시험 대비 문제집	기출 모의고사 문제집	교과서 자습서, 평가문제집, EBS 문제집, 인터넷 사이트, 학원 자료	EBS 간접연계 (약 50%), 수능특강 영어, 수능특강 영어 듣기, 수능특강 영어 독해연습, 수능완성 영어
문법 문제	객관식 문법 문제 20~30%	29번 어법문제 1개	변형 문제, 서술형 문제에 문법 비중 높음	29번 어법문제 1개
서술 형	수행평가로 대체	서술형 없음	서술형 30~40% (영작, 문법 실력 필수!)	서술형 없음
듣기	시험에서 객관식으로 영어회화 패턴 확인, 1년에 듣기평가 4회 (수행평가 반영 10%)	듣기 문제 17개 (배점 37점)	1년에 듣기평가 4회 (수행평가 반영 10%)	듣기 문제 17개 (배점 37점)

2

CHAPTER

꾸준히! 그리고 높은 단계까지!
가장 빠른 영어 성공 로드맵

1

하고 싶은 공부보다
해야 할 공부부터!

좋아하는 일을 할까요?
잘하는 일을 할까요?
꼭 해야 할 일을 할까요?

어른이 되어서도 이 세 가지 질문에 답하기가 힘들다. 좋아하는 일을 하며 돈도 벌고 행복하게 산다면 정말 좋겠지만 사실 현실은 그렇지 않은 경우가 더 많은 것 같다. 좋아하는 일을 했는데 직업이 되니 싫어지는 경우도 있고, 잘하는 일을 했는데 일을 즐기지 못하는 경우도 있다. 반대로 꼭 해야 하는 일이니 했는데, 하다 보니 좋아지는 경우도 있다. 무엇이 정답인지는 더 살아봐야 알 것 같지만 이제 한 가지는 알겠다. 어느 정도 수준에 올라가기 전까지는 좋아하는 일보다 해야 할 일을 먼저 하는 것이 후회를 줄이는 방법이다.

"미드가 너무 좋아서 밤새 자막 없이 봤어요."
"팝송을 너무 좋아해서 잘 때도 들어요."
"해리 포터 마니아예요. 원서 읽기가 재밌어요."
"애니메이션을 좋아해요. 겨울 왕국은 10번 봐도 안 질려요!"
"원어민이랑 얘기하는 게 좋아요. 화상으로 매일 회화 공부를 해요."

모두 최고의 영어 공부 방법이다. 한 독일 심리학자는 "천재는 노력하는 사람을 이길 수 없고, 노력하는 자는 즐기는 사람을 이길 수 없다"라고 했다. 밤새 미드를 보고, 같은 영화를 10번씩 반복해서 본다는 것은 영어를 정말로 즐기는 아이들이 하는 일이다. 아마 자연스럽게 언어를 습득하는 가장 이상적인 방법일 것이다. 자! 위의 방법 중에 어떤 방법이 아이의 영어성적에 도움이 될 것 같은가?

위의 방법으로 영어성적을 올리기는 정말 쉽지 않다. 모든 아이들이 이렇게 영어를 즐길 방법을 찾을 수 있는 것은 아니기 때문이다. 대부분의 중학생들은 학교 영어를 따라가기 위해 영어학원을 다니고, 시험을 보기 위해 영어 공부를 한다.

'중학생이라면'
'영어 공부에 몰입하지 않는다면'

두 가지 전제가 있기 때문에 쉽지 않다. 현재 중학교 2학년이라면 일단 앞으로 수능까지 시간이 4년 정도밖에 없기 때문에 시간이 부족하다. 그리고 영어 공부에 몰입하지 않던 아이가 중학교 때 갑자기 영어에 흥미를 붙일 수 있는 확률도 현실적으로 낮다.

"사실, 제 영어선생님은 '프렌즈'라는 시트콤이에요. 제가 15살 때 그 시트콤을 아이들에게 보여주는 것이 한국 부모님들 사이에서 유행이었어요. 제가 그 당시 희생양이었던 것 같아요. 어머니가 10개의 DVD를 사주셨는데, 처음에는 한글 자막이랑 같이 보고, 그리고 두 번째는 영어자막이랑 같이 보고, 마지막으로 자막 없이 봤어요."

<방탄소년단 RM의 인터뷰 중에서>

한 토크쇼에서 방탄소년단의 RM이 한 인터뷰이다. RM은 영어로 의사소통하는데 아무런 어려움이 없고, 영어 실력도 뛰어나다. 정말 좋은 방법으로 영어 공부를 했고, 장담하건대 정말 열심히 했을 것이다. 그렇지만 한국 부모님들 사이에서 유행이었던 프렌즈 시트콤으로 공부한 아이들 모두 RM처럼 영어를 잘하는 것은 아니다.

지금 중학교 영어가 힘들고, 고등학교 모의고사가 준비되지 않았다면 조금 더 현실적인 방법을 고민해 봤으면 좋겠다. 내가 추천하고 싶은 방법은, 굳이 선택해야 한다면 좋아하는 영어 공부보다 꼭 해야 하는 영어 공부를 하자는 것이다. 중학교 1학년부터는 꼭 해야 하는 영어 공부만 해도 시간이 부족하다. 아이가 시험 기간에 TV 드라마를 매회 챙겨본다고 생각해보자. 그것이 수능 언어영역에 도움이 될 수 있다고 생각하는 부모는 없을 것이다.

우리 아이들은 학교에 다녀야 하고 시험을 봐야 하고 수능을 봐야 한다. 고등학생의 하루를 따라가 보면 정말 시간이 없다. 1년에 4번 있는 모의고사 준비와 4번의 내신, 그리고 학기 중에 보는 수행평가까지 바쁘게 학교생활을 해야 한다. 미안하지만 이 시기는 재밌는 영어 공부를 할 때가 아니다. 꼭 해야 할 영어 공부부터 하자! 여

(44) 러 선택지에서 우왕좌왕하지 말고, 2개의 선택지만 고민해라! 내신점수와 수능점수! 선택지가 줄어들면 시간 낭비가 없다.

지금, 오늘부터 시작하자!

금방 지나갈 거라고 생각했던 코로나가 벌써 3년째다. 학원에서도 처음 겪는 원격수업과 대면수업을 번갈아 진행해야 했고, 15년 만에 처음으로 한 달간 학원 문을 닫기도 했었다. 많은 아이들의 학교와 학원도 잠시 멈추었었다. 이렇게 중학교 1학년을 보낸 학생들은 중학교 2학년이 힘들 것이다. 본격적인 학교 시험이 시작되는 중학교 2학년부터 학습 공백이 확인된다면 빨리 대책을 세워야 한다.

이제 가장 빠르고 효율적으로 영어 1등급에 도달할 수

있는 로드맵을 만들어 보자. 더 이상 미루거나 지체할 시간이 없다. 학교 별로 차이는 있지만 중학교 2학년 2학기부터는 시험 난도가 올라간다. 학교 교과서 본문이 더 이상 그대로 나오지 않고, 어법 관련 문제도 여러 문장을 모두 분석해서 맞는 문장의 개수를 정확히 맞춰야 하는 문제로 출제되고 있다. 이렇게 시험이 어려워지면 실력이 탄탄한 학생은 문제없지만, 그렇지 못한 경우 성적이 많이 떨어진다. 그 차이는 내신 대비의 문제가 아니라 기본적인 영어 실력 때문에 나는 것이다. 눈앞의 내신도 중요하지만 이제부터는 기초를 탄탄히 다져두고, 구멍 난 곳이 없는 지 한 번 더 확인해 볼 때이다.

Self Test < 중학교 2학년, 나의 영어 실력은 괜찮은가요? >

1	학교 교과서 1과 본문에서 모르는 단어가 2개 이하이다.	Y / N
2	문장을 보면 1형식부터 5형식까지 한 눈에 보인다.	Y / N
3	동사변형의 쓰임을 품사별로 구별할 수 있다. (예 : to부정사의 명사, 형용사, 부사 용법 구별 가능)	Y / N
4	관계대명사 문장을 두 문장으로 나눌 수 있다.	Y / N
5	중학교 2학년 듣기평가 20문제중 1개 이하로 틀린다.	Y / N
6	교과서 수준의 처음 보는 지문을 읽고 해석할 수 있다 (예 : 타 출판사 교과서 본문)	Y / N
7	눈으로 하는 해석말고, 다른 사람에게 해석해줄 수 있다.	Y / N
8	시험에 자주 나오는 문법 유형을 안다.	Y / N
9	시험에 자주 나오는 회화 유형을 안다.	Y / N
10	영영풀이 해석을 스스로 할 수 있다.	Y / N

위의 10개 질문에서 8개 이상은 Yes가 나와야 학년 수준의 영어 공부를 하고 있는 것이다. 나의 중학교 수준 영어실력이 괜찮다면 중학교 3학년 디지털교과서를 다운로드해 읽어보길 바란다. 그리고 고등학교 1학년 모의고사를 함께 풀어보는 것도 좋은 방법이다.

위의 질문에 Yes가 별로 없다면 이제부터 문법, 듣기, 내신공부를 이번 방학에 정리해야 한다. 듣기 문제집 1권과 문법 문제집 1권을 반드시 끝낸다는 각오로 공부했으면 좋겠다. 개학 전에 반드시 끝내야 한다.

1. 문법 문제집 풀기 (하루 공부시간 40분~50분)

첫째 주 (하루에 문법 2챕터씩 정리)

우선 문제를 풀지 말고, 개념공부만 1주일을 하자! 문제를 풀면 빈칸만 채우거나 모르는 단어를 찾느라 바쁠 가능성이 높다. 문법 문제집을 푸는 이유는 문장을 보는 눈을 키우기 위해서이지, 정답을 맞히려는 것이 아니다. 반드시 문장 해석을 해야 하고, 개념을 노트에 정리해 두어야 한다. 처음에는 외워야 할 문법보다는 원리에 집중하자! 예외를 외우는 것보다 원리를 잡는 것이 먼저이다!

둘째 주

이제 문제를 푼다. 처음에 정리해 둔 원리 노트를 함께 보며 원리 복습을 하고 문제를 푼다. 문제를 풀 때에는 해석을 해야 하고, 해석이 안 되는 문장은 번호에 별표를 해 놓는다. 이때, 한 챕터의 문제를 다 풀기 전에 절대로 채점을 하지 말자! 채점보다는 문제 풀 때 고민한 시간이 진짜 학습시간이다. 채점해버리면 답을 확인해버렸기 때문에 안다고 착각을 한다. 문제 풀 때 더 오래 고민하고, 원리를 어떻게 적용해야 하는지 확인하며 꼼꼼히 풀자.

셋째 주

이제 별표한 문장을 다시 복습한다. 소리 내 읽어보고 다시 해석해보는 것이다. 중학교 2학년 수준의 문법 문제집 문장은 길지 않기 때문에 해석할 때 1형식부터 5형식까지 구별하면서 해석해야 한다.

넷째 주

틀린 문제의 해설을 내가 달아본다. 절대로 해설지를 베끼지 말고, 나의 원리노트와 교재의 원리를 참고하여 왜 이것이 답인지 고민하고 나만의 해설을 적어야 한다. 포인트만 적어도 좋고, 혹시 외워야 하는 예외문법이라면 이때 정리해서 외우자! 한 번에 다 외워지지 않을 것이다. 원리노트에 다시 정리해 놓고 익숙해질 때까지 계속 반복해서 봐야 한다.

2. 듣기 문제집 풀기 (하루 공부시간 30분~40분)

첫째 주 (1회~5회) (듣기 20분 + 틀린 문제 확인 10분)

모의고사를 하루 1회씩 매일 본다. 중간에 멈추거나, 끊어서 듣지 말고 실전처럼 문제를 푸는 것이 중요하다. 틀린 문제가 1~2개라면 해당 문제를 교재에 첨부된 대본에 받아쓰기 해본다. 틀린 문제가 3개가 넘는다면 우선 단어시험부터 보는 것을 추천한다.

둘째 주 (5회~10회)

모의고사를 매일 본다. 첫째 주와 방법은 동일하다.

셋째 주 (1회~10회) (받아쓰기 20분 + 핵심문장 찾기 10분)

첫째 주~둘째 주에 본 모의고사를 틀린 문제만 다시 들어본다. 처음에 틀렸던 문제는 교재에 첨부된 대본에 받아쓰기를 첫째 주에 했을 것이다. 다시 읽어보고 문제를 푸는데 핵심적인 정보를 담고 있는 문장에 형광펜 표시한다.

넷째 주 (1회~10회) (단어정리 20분 + 단어 마인드맵 10분)

단어테스트를 보고 틀렸던 단어를 정리한다. 듣기 교재는 기초어휘를 다시 확인해 볼 수 있는 좋은 교재이다. 혹시 몰랐던 단어가 있다면 반드시 외우고 넘어가야 한다.

영어 성공 프로젝트!
- 나만의 영어학습 로드맵

중학교 영어 어디부터 어디까지 학습해야 잘 하고 있는 걸까? 물론 너무 레벨이 높은 학생도 있을 것이고, 초등 수준조차 힘든 학생도 있을 것이다. 여기에서는 중학교부터 고등학교 수준까지를 기준으로 잡아보려 한다. 30단계 영어학습 로드맵, 나의 위치는 어느 정도에 있는지 스스로 체크해 보자!

1	단어를 소리내어 읽을 수 있다! 영어의 모음소리 **a, e, i, o, u**를 기준으로 스스로 단어를 읽을 수 있는지 확인하세요! **단어를 읽어 낼 줄 알아야 파닉스를 제대로 공부한 겁니다! **	(2020년 9월 고2 모의고사 29번) 어휘 10개 a-dapt pres-sure con-sist ad-just main-tain ex-pend me-tab-ol-ism sparse pred-a-to-ry over-pow-er
2	be동사를 안다! (부정문, 의문문까지 자유자재로 만들 수 있다!) ** 인칭대명사 정리! I 짝꿍은 am / You 짝꿍은 are / He 짝꿍은 is 	I	my	me	mine
You	your	you	yours
He	his	him	his
She	her	her	hers
They	their	them	theirs
We	our	us	ours		a. I am happy. b. I am in my room. <am의 뜻을 구별할 수 있나요?> a. 상태입니다 b. ~에 있습니다
3	일반동사를 안다! 주어가 3인칭 단수일 때 동사에 ~s를 붙인다. do/does/did를 활용하여 부정문, 의문문을 만들 수 있다. 불규칙 동사를 외우고 있다. 의문사 의문문에 완전한 문장으로 대답할 수 있다. **누가(누구를), 무엇이(무엇을), 언제, 어디서, 어떻게, 왜 의문문은 기본적으로 일반동사 의문문을 만들 수 있어야 합니다. 의문사 빼고, 평서문으로 바꾼 후에 대답 만드는 연습을 꼭! 해보세요!	Who does he meet? → He meets <u>his teacher</u>. Who drinks water? → <u>Tom</u> drinks water. When did he study math? → He studied math <u>yesterday</u>. Where do you live? → I live <u>in Seoul</u>. Why do they skip lunch? → They skip lunch <u>because they are busy</u>.

4	**품사 구별을 할 수 있다!** 단어를 보면 명사, 동사, 형용사, 부사 구별이 되어야 합니다. 한국말 뜻을 외울 때도 ~ㄴ받침이면 형용사, ~하게로 해석되면 부사로 구별하며 외우세요! • 교과서를 펴고 품사 구별 놀이를 해 봅시다!	It shows my favorite people and things. 명 / 동 / 형 / 형 / 명 / 접속사 / 명
5	**1형식~5형식까지 구별할 수 있다!** • 교과서를 펴고 형식 놀이를 해 봅시다! 주어는 동그라미, 동사는 세모, 목적어는 네모, 보어는 마름모, 수식어는 밑줄!	1 I go. 2 I am Anne. 2 I am happy. 3 I love you. 4 He gave me a pen. 5 He named me Anne. 5 She made me happy.
6	**중1 듣기평가 문제집 풀기** 실전 대비 듣기평가 문제집 24회 풀기! 듣기평가 문제집은 회화표현과 기초어휘를 익힐 수 있는 좋은 교재입니다. 수능에서 듣기평가 문제가 17문제 나온다는 것을 기억하세요!	1. 실전처럼 푼다. 2. 채점 후 틀린 문제를 받아쓰기 한다. (교재에 받아쓰기 제공) 3. 답이 되는 중요한 문장을 표시한다. 4. 단어테스트를 보고 틀린 단어를 외운다.
7	**중1 문법 문제집 풀기** 중1은 동사 파트가 50% 이상입니다. be동사, 일반동사, 조동사, 진행형과 미래시제, 동사의 종류까지 모두 동사입니다. 이 부분을 먼저 정확히 이해하고 다음 챕터로 넘어가세요!	1. be동사 2. 일반동사 3. 조동사 4. 진행형과 미래시제 5. 동사의 종류 6. 명사 7. 대명사 8. 형용사와 부사 9. to부정사와 동명사 10. 전치사 11. 접속사 12. 의문문, 명령문, 감탄문

8	중학교 1학년 교과서 학습! 학교에서 중간고사와 기말고사를 보지 않더라도 학기별로 평가문제집은 꼭 풀어보세요! 내신 문제 유형도 알아야 하고, 학교에서 배운 내용을 복습해 보는 것은 필수입니다!	1학기 내신 대비 문제집 2학기 내신 대비 문제집
9	중2 듣기평가 문제집 풀기	
10	중2 문법 문제집 풀기 중2는 동사변형 삼총사(to부정사, 동명사, 분사)를 확실히 정리해 둬야 합니다. 내신시험에서도 중요한 부분이고 문장이 길어지는 독해를 하려면 동사변형 삼총사의 이해는 필수입니다. 관계대명사, 가정법까지 마인드맵으로 정리해 보고 개념을 확실히 잡으세요!	1. 여러 가지 동사 2. 시제 3. 조동사 4. 부정사 5. 동명사 6. 분사 7. 대명사 8. 비교 9. 접속사 10. 관계사 11. 수동태 12. 가정법 13. 일치와 화법
11	중학교 2학년 교과서 학습 이제부터 내신 시작입니다. 아무리 영어실력이 있어도 시험 범위의 문제 풀이는 꼭 해봐야 합니다. 내가 실수하는 문제가 있는지 오답노트를 꼼꼼히 작성하고, 내신 만점을 위해 최선을 다하세요!	1학기 중간고사 문제집 1학기 기말고사 문제집 2학기 중간고사 문제집 2학기 기말고사 문제집
12	중3 듣기평가 문제집 풀기 혹시 듣기가 너무 쉽다고 느껴지면 고등학교 1학년 듣기평가 문제집을 풀어도 됩니다. 시험은 연습이 중요합니다. 꼭 문제집 한 권을 풀고, 듣기 만점을 받으세요!	

13	중3 문법 문제집 풀기 이제 본격적인 독해 연습을 하려면 기타 구문의 도치와 강조가 중요합니다. 기존의 문제집과 겹치는 동사 파트와 삼총사 파트는 주의해야 할 용법 위주로 정리하고, 기타구문을 확실히 정리하세요! ** 주의해야 할 용법은 암기해야 합니다. 시험을 잘 보기 위해서는 암기 문법도 중요해요!	1. 시제 2. 조동사 3. 수동태 4. 부정사 5. 동명사 6. 분사 7. 비교 8. 접속사 9. 관계사 10. 가정법 11. 일치와 화법 12. 기타구문
14	중학교 3학년 교과서 학습	
15	고등학교 디지털교과서 다운로드해서 본문 학습하기!	디지털교과서 앱에서 근처의 고등학교로 정보 변경하면 고등학교 교과서를 볼 수 있습니다. 중3 겨울방학쯤에는 미리 교과서 본문 학습을 준비하세요!
16	수능 단어장 준비! 이제 앞으로는 단어싸움입니다. 이 단어장 한 권을 여러 번 반복해서 꾸준히 학습하세요. 단어장은 무조건 끝까지 진행해야 하고 3번 정도는 반복해야 합니다. 자꾸 새로운 단어장을 사려고 하지 마세요!	매일 20개씩 첫째 날 1~20 둘째 날 11~30 셋째 날 21~40 이렇게 누적해가면서 학습하세요!
17	고1 모의고사 문제집 풀기! (3년 기출 문제집) 모의고사 문제집은 반드시 실전처럼 푸세요! 요일을 정해 놓고 풀어도 좋고, 모의고사 1회를 2~3일에 나누어 풀어도 됩니다!	1. 모의고사 1회를 풉니다. 2. 틀린 문제를 노트에 한 문장씩 적으며 문장구조를 확인하세요! 3. 단어는 틀린 문제의 단어만 정리하고 외우세요!

18	문법과 구문 정리하기 EBS 구문 300 EBS 수능 개념 잡는 대박구문 EBS Grammar Power 상 / 하	EBS 교재는 강의를 무료로 들을 수 있고, 꼼꼼하고 친절한 해설이 장점입니다. 인터넷 강의를 들을 때는 반드시 계획을 세우고, 마감일을 정하세요! 중간에 그만두지 말고 끝까지 함께하는 것이 가장 중요합니다!
19	고1 1학기 중간고사	학기 중에는 내신시험 대비에 집중하세요! 학교 수업시간에 집중하는 것과 꼼꼼한 필기는 필수입니다! (시험문제는 학교 선생님이 출제합니다!!!)
20	고1 1학기 기말고사	
21	고1 2학기 중간고사	
22	고1 2학기 기말고사	
23	내가 어려워하는 파트 문제집 풀기 순서가 약한지? 빈칸이 약한지? 집중적으로 한 권을 풀고 넘어서기!!!	
24	어휘 동의어/ 반의어 정리해 두기! 가지고 있는 단어장에 나와 있는 주의할 단어를 한 번에 정리해 두세요! 나중에 외워야지 하면 못 외웁니다! 꼭 날 잡고 정리해 두어야 하고, 내 것이 될 때까지 반복해서 보세요!	
25	고2 내신과 모의고사 (3년 기출 문제집)	
26	고3 내신과 모의고사 (3년 기출 문제집)	
27	수능 기출 풀기 (3년 기출 문제집)	
28	수능특강 영어	여기부터는 내 수준에 맞는 독해 문제집을 꾸준히 푸는 것이 중요합니다. 하루에 2개의 지문을 공부하는 것도 괜찮습니다. 대신 꾸준히 수능 보는 그날까지 영어 독해 연습을 쉬지 마세요!
29	수능특강 영어독해연습	
30	수능완성 ** 여기에서는 EBS 문제집을 기준으로 했지만 시중에 있는 수준별 독해 문제집을 선택해도 됩니다. 나에게 맞는 교재를 정해서 독해 실력을 쌓으세요. 글의 논리적 흐름을 파악하는 연습을 하고, 독해와 함께 어휘량을 늘려가는 것도 중요합니다.	

고1 모의고사
1등급이 목표다!

모든 공부는 목표가 있어야 한다. 공부를 하다 보면 '그냥 열심히'만큼 비효율적인 공부가 없다. 그래서 시험 기간에는 공부를 더 열심히 하는 거고, 목표 대학이 분명한 학생은 더 열심히 공부를 하는 것이다. 지금 중학생이라면 우리의 첫 번째 목표는 고1 3월 모의고사 1등급이다. 목표가 있어야 계획을 세우고, 계획이 있어야 실천이 쉽다.

1. www.ebsi.co.kr (EBS 인터넷 수능강의 사이트)에 가서 고1 3월 모의고사를 다운로드한다.

2. 듣기평가부터 독해까지 실전처럼 풀어본다. (70분)

3. 채점 후 점수를 산출한다.

중3은 학교 내신시험과 별개로 반드시 고1 모의고사를 풀어봐야 한다. 3월 모의고사는 중학교 영어가 기준이기 때문에 난도가 높지 않다. 객관적으로 내 점수를 바라보고 앞으로 1년간의 계획을 세워야 한다.

CASE 1 90점 이상 (1등급)

이제까지 영어 공부를 잘하고 있었다. 고난도 문제 위주로 독해를 준비하자. 빈칸이나 순서 찾기 같은 문제는 정확한 답의 근거를 지문에서 찾을 수 있어야 한다. 고1 모의고사 문제집을 한 권 풀어도 좋고, 시중에 30번대 이후의 문제만 모아놓은 문제집을 풀어보길 바란다.

CASE 2 80점 이상 (2등급)

80점대라면 실전 모의고사에서 언제든 70점대로 떨어질 가능성이 높은 점수이다. 실전에서는 연습 때 보다 긴장감도 높고 시간도 부족하기 때문이다. 3점짜리 문제는 못 맞혔을 가능성이 높고, 정확한 문장 해석이 되지 않는 상태에서 감으로 문제를 풀었을 것이다. 내가 해석할 수 없었던 문장을 꼼꼼히 표시하고 다시 해석해 보자.『천일문』과 같은 구문 교재로 문장 해석력을 높이는 것도 필요하다.

CASE 3 70점 이상 (3등급)

영어 실력이 많이 부족하다. 듣기에서도 1~2개 틀렸을 것이고, 쉬운 문제에서도 정답을 찾지 못했을 가능성이 높다. 중학교 내신 점수가 높았던 학생 중에도 70점대는 많이 나온다. 문법, 어휘, 듣기, 독해 모두 다시 점검해 봐야 한다. 중3~고1 수준의 문법 문제집 한 권으로 다시 정리하며 문장 보는 눈을 키워야 한다. 시중의 고1 수준 단어장을 하나 사서 계속 반복해서 외우길 바란다. 문법과 어휘정리가 최우선이다.

CASE 4 70점 이하

절대적으로 부족한 실력이다. 이 단계라면 긴 단어를 제대로 읽지 못할 가능성이 높고, 독해를 하는 것이 아니라 아는 단어만 짜깁기해서 내용 파악을 하는 수준이다. 우선 듣기를 다 맞지 못했다면 듣기성적부터 빨리 올리는 것이 좋다. 고등학교 듣기 문제집을 사서 실전처럼 풀고 틀린 문제는 모두 받아쓰기 해봐야 한다. 그리고 독해에서 난이도 쉬운 문제를 반복적으로 훈련해서 쉬운 문제를 다 맞는 것을 목표로 해야 한다. 주제, 제목을 찾는 문제 위주로 풀어보고, 지문을 한 문장씩 해석해 보고 키워드(Key word)로 요약하는 연습을 하자. 영어 독해의 가장 우선은 한 문장 해석이다. 해석이 되지 않는 이유는 영어 문장을 보는 눈이 없기 때문이다. 이 단계에서는 한 문장씩 노트에 쓰며 공부하는 방법도 추천한다.

고1 모의고사 준비가 가능한 단계

1. 중학교 내신점수가 90점 이상 안정적이다.
2. 고1 3월 모의고사 기준 80점 이상이다.
3. 독해 한 지문 당 모르는 단어가 3-4개 수준이다.
4. 문장 해석이 되고 문장의 형식을 볼 줄 안다.
5. 어법 포인트를 정리할 수 있고 짧은 문장 영작이 가능하다.

당장 시험 기간이다!

중간고사 기간이 시작되었다. 중학교 시험은 2주 전부터 준비해야 한다. 영어를 잘하는 학생이든, 영어를 잘못 하는 학생이든, 시험 기간만큼은 최선을 다해 시험 대비를 해야 한다. 자! 이제 시험공부 계획을 세워보자!

Case 1 중학교 시험

(예시: 중2 천재(이재영) 5과 / 6과, 2학기 중간고사)

준비단계

1. 시험 범위 디지털교과서를 다운로드한다. (5과 / 6과)

2. 시험 대비 문제집을 산다. (적중, 백발백중, 내신콘서트 등)

3. 학습 목표에 있는 문법 파트를 표시한다.

(예) 문법 포인트 4가지 (5형식동사 / before, after / 사역동사 / too-to)

Tip!

이번 시험 범위에서는 5형식을 정리하는 것이 중요하다. 4과와 5과에 둘 다 나오는 개념이므로 연결해서 문제를 출제할 것이기 때문이다. 시험 범위 내의 문법을 연결해서 공부하는 것이 시험 대비의 시작이다! 문법을 공부한 후에 본문을 보면 문법이 적용되는 문장이 보이기 시작할 것이다. 그 문장은 이번 시험에서 중요한 문장들이다.

내신 100점 계획표

큰 그림 그리고 공부하기! 디지털교과서 학습목표 확인 필수!!!

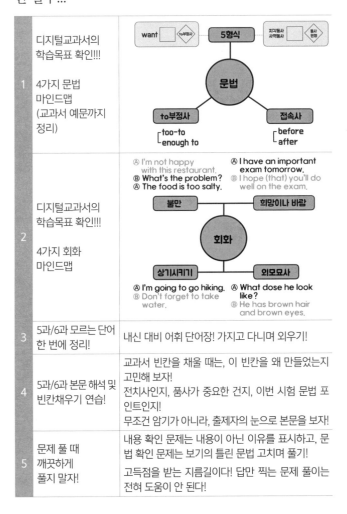

1	디지털교과서의 학습목표 확인!!! 4가지 문법 마인드맵 (교과서 예문까지 정리)	
2	디지털교과서의 학습목표 확인!!! 4가지 회화 마인드맵	
3	5과/6과 모르는 단어 한 번에 정리!	내신 대비 어휘 단어장! 가지고 다니며 외우기!
4	5과/6과 본문 해석 및 빈칸채우기 연습!	교과서 빈칸을 채울 때는, 이 빈칸을 왜 만들었는지 고민해 보자! 전치사인지, 품사가 중요한 건지, 이번 시험 문법 포인트인지! 무조건 암기가 아니라, 출제자의 눈으로 본문을 보자!
5	문제 풀 때 깨끗하게 풀지 말자!	내용 확인 문제는 내용이 아닌 이유를 표시하고, 문법 확인 문제는 보기의 틀린 문법 고치며 풀기! 고득점을 받는 지름길이다! 답만 찍는 문제 풀이는 전혀 도움이 안 된다!

3

CHAPTER

MVP 학습법 :
패키지 독해(Package Reading)로
독해 공부! 인생 공부!

1

지문 독해로 배우는 인생 공부
– 영어 독해 패키지 투어

1. 영어 독해 지문은 최고의 자기계발서!

대충 읽으면 다 틀린다!

One of the main reasons that students may think they
know the material, even when they don't, is that they
mistake familiarity for understanding.

학생들이 잘 모르는 내용도 안다고 착각하는 이유 중 하나는
익숙함과 이해를 혼동하는 것이다.

Here is how it works : You read the chapter once,

perhaps highlighting as you go.

작동원리는 이렇다 : 당신은 그 책을 한 번 읽었다. 아마도 형광펜까지 치면서.

Then later, you read the chapter again, perhaps focusing on the highlighted material.

나중에 다시 그 장을 읽는다. 아마도 형광펜 친 곳에 집중하면서.

As you read it over, the material is familiar because you remember it from before, and this familiarity might lead you to think, "Okay, I know that."

계속 읽으면, 전에 읽었다는 것이 기억나기 때문에 그 내용이 익숙하다. 그리고 그 익숙함이 "아, 나 이거 알아."라고 생각하게 할 것이다.

The problem is that this feeling of familiarity is not necessarily equivalent to knowing the material and may be of no help when you have to come up with an answer on the exam.

문제는 이 익숙함의 느낌이 반드시 아는 것과 같은 것이 아니며 시험에서 정답을 떠올릴 때 아무 도움이 안 될 수도 있다는 것이다.

In fact, familiarity can often lead to errors on multiple-choice exams because you might pick a choice that looks familiar, only to find later that it was something you had read, but it wasn't really the best answer to the question.

사실, 익숙함은 종종 객관식 시험에서 오류로 이어질 수 있다. 당신은 익숙해 보이는 답을 고를 것이기 때문이다. 그것은 당신이 전에 읽었던 것이지만 최선의 정답은 아니었다는 것을 결국 나중에 알게 된다.

<2020년 고1 6월 모의고사 34번>
** 해석은 이해하기 쉽게 간략하게 제시함 **

앞에 제시한 문제는 학원 아이들이 첫 고등 독해를 준비할 때 꼭 보여주는 지문 중의 하나이다. 정말 최고의 스타 강사 선생님이 학생에게 해주는 말이지 않은가? 독해가 약한 아이들은 지문을 대충 읽는다. 어려운 문장이 나오면 눈으로는 읽고 있는데, 정작 지문의 내용을 이해하지 못한 상태로 넘어가 버린다. 그리고 보기를 보면 많이 봤던 단어들이 있다. 반가우니 답으로 찍는 것이다. 혹시나 찍은 것이 맞지는 않을까 하는 기대는 채점과 동시에 무너져 버린다. 출제자는 보기를 그냥 만드는 것이 아니다. 틀릴만한 오답은 항상 있고, 영어를 잘하지 못하는 아이들은 여지없이 이 함정에 퐁당 빠져버린다.

모의고사에서 이 지문을 발견하고 어쩌면 이렇게 통찰력 있는 글을 쓸 수 있을까 하고 감탄했었다. 짧은 글이지만 너무 와닿는 내용이었고, 학생들에게 꼭 필요한 지문이었다. 학생들도 이렇게 독해 공부를 할 때 내 인생에 한마디를 해주는 독해를 찾았으면 좋겠다. 영어 공부도 하고, 자기 계발도 하고 1석2조 아닐까?

수능지문은 최고의 자기계발서이다!

수능을 왜 볼까? 대학에 들어가서 공부하기 위한 자격시험이 대학수학능력시험이다. 과연 이 아이가 대학에서 공부할 수 있는 자격을 갖추었는지 평가하는 시험이라는 것이다. 수능의 영어영역은 이 아이가 대학에서 자기 전공서를 원서로 읽을 수 있는지 평가하는 가장 최소한의 첫 단계 시험이다. 그러니 철학, 과학, 음악, 교육, 심리, 정치, 의학 등 다양한 주제를 묻는다. 지금 수능을 보는 아이가 의사가 될 수도 있고 과학자가 될 수도 있지 않은가? 그래서 너무 전문적인 어휘는 미리 제시해주는 경우가 많다. 배경지식을 묻는 것이 아니라 다양한 분야의 글을 읽고 이해할 수 있는 능력을 묻는 시험이기 때문이다. 모의고사 지문을 보면 학생의 공부 동기부여나, 교사의 자세 같은 내용도 많이 있다. 우리나라 고등학생들이 알면 유익하고 좋은 내용이 많다는 말이다.

2. 영어 독해 패키지 투어

이제 영어 독해의 패키지 투어를 시작해 보려 한다. 수능 영어 독해는 우리 아이들 영어 공부의 최종 목적지이다. 이왕 가야 하는 목적지라면 조금 즐기면서 가는 것도 좋지 않을까? 어릴 때는 학교 다닐 때만 공부하고 끝날 것 같지만, 사실 어른이 되어서도 자기 계발 해야 하고 교양도 쌓아야 한다. 서점 베스트셀러 책들만 봐도 철학이야기, 심리이야기, 자기계발서는 항상 있다. 지문 독해를 하면서 인생 교훈도 얻고, 평생 가지고 갈 수 있는 교양 지식도 챙길 수 있다면 영어 공부가 단어만 외우다 끝나는 헛된 공부는 아닐 것이다.

A. 철학 투어
깊은 통찰력을 가진 철학자들과의 여행

예시

Philosophical activity is based on the recognition of ignorance .

철학적 활동은 무지의 인식에 기초를 둔다.

The philosopher's thirst for knowledge is shown through attempts to find better answers to questions even if those answers are never found.

지식에 대한 철학자의 갈망은 그 답이 결코 발견되지 않는다 하더라도 질문에 대한 더 나은 답을 찾으려는 시도를 통해 나타난다.

At the same time, a philosopher also knows that being too sure can hinder the discovery of other and better possibilities.

동시에, 철학자는 지나치게 확신하는 것이 다른 가능성과 더 나은 가능성의 발견을 방해할 수 있다는 것도 알고 있다.

In a philosophical dialogue, the participants are aware that there are things they do not know or understand.

철학적 대화에서, 참여자들은 그들이 알지 못하거나 이해하지 못하는 것이 있다는 것을 인식한다.

The goal of the dialogue is to arrive at a conception that one did not know or understand beforehand.

그 대화의 목표는 미리 알지 못했거나 이해하지 못했다는 생각에 도달하는 것이다.

In traditional schools, where philosophy is not present, students often work with factual questions, they learn specific content listed in the curriculum, and they are not required to solve philosophical problems.

철학이 존재하지 않는 전통적 학교에서, 학생들은 흔히 사실적 질문에 대해 공부하고, 교육과정에 실린 특정한 내용을 배우며, 철학적인 문제를 해결하도록 요구받지 않는다.

However, we know that awareness of what one does not know can be a good way to acquire knowledge.

하지만 우리는 알지 못한다는 것을 인식하는 것이 지식을 습득하는 좋은 방법이 될 수 있다는 것을 안다.

Knowledge and understanding are developed through thinking and talking.

지식과 이해는 사색과 토론을 통해 발달한다.

Putting things into words makes things clearer.

생각을 말로 표현하는 것은 생각을 더 분명하게 만든다.

Therefore, students must not be afraid of saying something wrong or talking without first being sure that they are right.

따라서 학생들은 맞다는 확신도 없이 먼저 말하거나 틀린 말 하는 것을 두려워해서는 안 된다.

< 2021년 9월 고2 모의고사 32번 >

B. 건강, 상식

"나는 왜 다이어트 할 때 자꾸 치킨이 먹고 싶을까?"

이 글을 읽으면 치킨을 먹고 있는 내 잘못이 아닐 수 있다. 우리 몸이 원시시대부터 지방을 좋아하도록 유전자가 기억하고 있는 것이다. 그런데, 우리는 사냥도 안 하고 채집하려고 돌아다니지도 않으니까 살이 찌는 것이다.

(예시)

Deep-fried foods are tastier than bland foods, and children and adults develop a taste for such food.

기름에 튀긴 음식은 싱거운 음식보다 더 맛있고, 어린이와 어른들은 그런 음식을 점점 더 좋아하게 된다.

Fatty foods cause the brain to release oxytosin,
a powerful hormone with a calming, antistress,
and relaxing influence, said to be the opposite of
adrenaline, into the blood stream ; hence the term
"comfort foods"

지방이 많은 음식은 뇌로 하여금 진정과 항스트레스, 그리고
안정효과가 있는, 아드레날린의 반대라고 알려진 강력한 호
르몬인 옥시토신을 혈류에 분비하게 한다. 그래서 '위안 음식'
이란 용어가 있다.

We may even be genetically programmed to eat too
much.

심지어 우리는 너무 많이 먹도록 유전적으로 프로그램되어
있을지도 모른다.

For thousands of years, food was very scarce.

수천 년 동안, 음식은 매우 부족했다.

Food, along with salt, carbs and fat was hard to get,
and the more you get, the better.

소금, 탄수화물, 지방이 있는 음식은 구하기 어려웠고, 더 많
이 구할수록 더 좋았다.

All of these things are necessary nutrients in the human diet, and when their availability was limited, you could never get too much.

이러한 모든 것은 인간의 식단에 필수적 영양소이고, 이용 가능성이 제한되었을 때에는 아무리 많이 먹어도 지나치치 않았다.

People also had to hunt down animals or gather plants for their food, and that took a lot of calories.

사람들은 또한 음식을 위해 동물을 사냥하거나 식물을 채집해야 했고, 그것은 많은 칼로리를 필요로 했다.

It's different these days.

오늘날은 이와 다르다.

We have food at every turn—lots of those fast-food places and grocery stores with carry-out food.

포장 음식을 파는 식료품점과 패스트푸드 식당도 많고, 도처에 음식이 널려있다.

But that ingrained "caveman mentality" says that we can't ever get too much to eat.

그러나 뿌리 깊은 '원시인 정신'은 아무리 먹을 것을 많이 구해도 지나치지 않다고 말한다.

So carving for "unhealthy" food may actually be our body's attempt to stay healthy.
그래서 '건강하지 않은' 음식에 대한 갈망은 실제로 건강을 유지하려는 우리 몸의 시도일 수 있다.

< 2021년 9월 고2 모의고사 34번 >

C. 자기 계발
넌 할 수 있다! 고 말해주는 자존감 상승 여행

예시

When self-handicapping, you're engaging in behavior that you know will harm your chances of succeeding : you know that you won't do as well on the test if you go out the night before, but you do it anyway.
자기불구화를 할 때, 당신은 성공의 기회를 해칠 것이라는 걸 아는 행동을 합니다.
당신은 밤에 나가서 놀면, 내일 시험을 못 볼 것이라는 사실을 압니다. 그런데 그걸 합니다.

Why would anyone intentionally harm their chances of success?

왜 일부러 성공의 기회를 해치려고 할까요?

Well, here's a possible answer. Say that you do study hard. You go to bed at a decent time and get eight hours of sleep. Then you take a math test, but don't do well : you only get a C.

예를 들어 봅시다. 당신이 공부를 열심히 했어요. 일찍 잠자리에 들고, 충분히 잤어요. 그리고 시험을 봤는데 C를 받았어요.

What can you conclude about yourself? Probably that you're just not good at maths, which is a pretty hard blow to your self-esteem.

당신은 아마도 수학을 잘 못한다는 결론을 내릴 겁니다. 근데, 그것은 당신의 자존감에 상처가 되겠죠.

But if you self-handicap, you'll never be in this position because you're creating a reason for your failure. You were bound to get C, you can tell yourself, because you were out till 1 a.m.

하지만 자기불구화를 한다면, 당신은 절대 이런 상황에 처하지 않을 겁니다. 당신이 당신의 실패의 이유를 만들어냈기 때문이죠. 당신은 새벽 1시까지 놀아서 C를 받을 수밖에 없었던 거예요.

That C doesn't mean that you're bad at math ; it just means that you like to party.
그 C는 당신이 수학을 못하는 걸 의미하지 않아요. 단지 당신은 파티를 좋아한 것 뿐이예요.

Self-handicapping seems like a paradox, because people are deliberately harming their chances of success.
자기불구화는 역설처럼 보입니다. 사람들은 일부러 자신의 성공 기회를 해치고 있기 때문이죠.

<2021년 6월 고2 모의고사 33번>

핑계에 대해 이렇게 명료하게 정의해 주는 글이 있을까? 아이들과 수업할 때 이 지문을 꼭 이야기해 준다.

"열심히 했는데 시험 못 봤다 그러면 창피한 것 같지? 그러니까 놀았다고 핑계 대는 거잖아. 그러면 자존심이 덜

다치니까. 그럼, 그다음 시험에서도 또 핑계를 댈 거야. 너의 성공 기회를 일부러 망치지 않았으면 좋겠다."

'열심히 살지 않았다는 핑계', 어른들에게도 이 핑계는 참 달콤한 유혹이다.

'내가 안 한 거지 못 한 게 아니라구! 내가 맘먹고 해봐! 얼마나 잘하는지!'

나도 이런 얘기를 자주 한다. 도대체 맘먹고 한다는 그 맘은 언제 먹게 되는 걸까? 그러고 나서 가만히 생각해 보면 나는 못 할까봐 안 한 일이 많다. 지금의 편안함이 좋아서 못하는 뭔가를 도전하기가 무서운 것이다. 나는 이 지문을 보고 학원에서 본격적으로 고등학생들을 가르치기로 결심했다. 안 하는 것은 못 하는 것과 다를 게 없다. 스스로 성공의 기회를 망치는 일만큼 어리석은 일이 또 있을까? 중학생 자녀가 있다면 이렇게 말해줬으면 좋겠다.

"애들아! 너희 앞에 놓인 많은 성공의 기회를 일부러 피해 가지는 말자! 영어 공부도 어차피 해야 할 공부라면 열심히 하고, 잘 해내는 거야!"

A4용지 학습법
– 눈으로 독해하지 말고 손으로 독해하자!

A4 지문 정리법 – 독해 따로? 어휘 따로? 문법 따로?

자! 이제 A4용지 한 장에 독해 지문을 정리해 보자. 학교 교과서 지문도 좋고, 모의고사 지문도 좋다. 보통 고등학교 내신 범위는 지문 70~120개 정도이다. A4용지 한 장에 한 개의 지문을 정리하면서 나만의 시험 범위 노트를 가지는 것이다. 컴퓨터 타이핑이 편하다면 한글 문서에 정리하고, 손으로 직접 쓰는 방법이 좋다면 A4용지를 4등분해서 쓰면 된다. 종이 한 장에 독해, 어휘, 문법이 모두 정리되는 패키지 독해를 소개하겠다.

1단계 : A4용지를 세로로 4등분 한다.
2단계 : 문장별로 주어 / 동사 / 목적어 / 보어 / 수식어를 나누어 쓴다. 수식어는 ( ) 표시
3단계 : 뒷면에는 단어를 명사 / 동사 / 형용사 / 부사로 나누어 정리한다. 단! 영어만 쓴다.
4단계 : 각 문장의 아이디어를 간단히 한국말로 정리한다.
5단계 : 주제 정리와 중요 문법을 색깔 있는 펜으로 표시해둔다.

독해 MVP가 되려면!

내신을 준비할 때, 1등급을 받는 아이들은 시험 범위에 있는 지문을 여러 번 반복하며, 완벽하게 공부하려고 한다. 최소한 1지문 당 7번은 봐야 한다고도 하고, 10번을 보라고도 할 정도로 학교 내신을 준비하는 일은 쉽지 않다. 범위는 많고, 시간은 없고, 주어진 시간 내에 최대한 효율적으로 공부해야 한다. 주의할 점은 학원 강의 수업이나 인터넷 강의만 듣는다고 지문이 완전한 내 것이 되지 않는다는 것이다. 최소한 한 번은 나만의 지문 정리를 해야 한다. 손으로 직접 쓰고, 입으로 소리 내어 읽고, 지문의 논리를 스스로 정리해 보자. 눈으로 구경만 하는 독해 방법으로는 좋은 성적을 받기 힘들다.

예시

2021년 8월 고2 모의고사 20번

주제 : 학생들에게 성공적인 협동을 위한 기술을 가르쳐야 한다.

독해 지문 정리

	동사 앞(주어포함)	동사
1	(Without guidance from their teacher) students	will embark on
2	(Left their own device), they	will (instinctively) become
3	They	will compare
4	We	don't need to teach
5	The playground and the media	do
6	(However,) we	do need
7	A group <(that) working together successfully>	requires
8	(While some students inherently bring a natural understanding of these skills with them,) they	are (always) (in the minority).
9	(To bring cooperation between peers into your classroom,) you	need to teach
		and nurture

목적어	보어
a journey of personal development <that recognizes the value of cooperation>.	
	(increasingly) competitive (with each other).
scores, reports, and feedback (within the classroom environment) (–just as they do in the sporting arena).	
our students (about winners and losers).	
that (for them).	
to teach (them / that there is more to life than winning and about the skills <(that) they need for successful cooperation>).	
individuals (with a multitude of social skills, as well as a high level of interpersonal awareness).	
these skills (consciously and carefully).	
them (continuously and throughout the school years).	**( ) 수식어 **< > (생략된)관계대명사

단어 정리

명사	동사	형용사	부사
guidance cooperation device feedback arena multitude awareness minority	embark recognize compare require nurture	competitive interpersonal	instinctively inherently consciously continuously

색깔펜으로 추가하기!

파란펜 : 아이디어 정리

빨간펜 : 문법 포인트

형광펜 : 접속사 / 주제 문장 / 서술형 대비 문장

(not only~ but also, 가정법 등)

응용문제 풀이

이 정도 정리했다면 어떤 시중의 문제집보다도 값진 나만의 내신 문제집이 완성된 것이다. 지문을 꼼꼼히 공부했다면 인터넷으로 변형 문제를 출력해서 공부하자. 틀린 문제가 나오면 다시 이 노트에다 추가 정리하면 된다.

변형 문제 사이트 : exam4you , 아잉카

폭망하는 내신 공부법 Bomb!

1. 학원에 가서 수업을 듣는다.
2. 단어를 외운다.
3. 인강(인터넷 강의)을 본다.
4. 눈으로 몇 번 읽어본다.
5. 문제만 반복해서 푼다.

수업 듣고, 인터넷 강의 듣는 시간은 나의 공부 시간이 아님을 명심하자! 반드시! 꼭! 내가 정리해야 내 것이 된다. 수업 전에 문제를 반드시 먼저 풀어봐야 하고, 수업을 들으며 꼼꼼히 필기해야한다. 필기할 때, 나만의 정리 노트에 필기하면 효과는 배가 될 것이다.

수준별 독해 공부
- 스스로 읽어내기!

"이거 한번 해석해 볼래?"

Wildlife is threatened by light pollution, too. Birds that migrate or hunt at night find their way by natural light, but light in big cities can cause them to wander off course. Every year millions of birds die after hitting buildings that have bright lights. Sea turtles cannot easily find a place to lay eggs since beaches are too bright at night. Also, many baby sea turtles die because artificial light draws them away from the ocean.

<중학교 2학년 교과서 본문 중>

A학생 : "야생 음... 빛 공해... 새들이 이주합니다, 또는 사냥합니다, 밤에... 찾습니다, 그들의 길, 자연적인 빛에 의해 ... 그러나... 빛이 큰 도시 음... "

B학생 : "야생동물이 또한 빛 공해에 의해 위협받습니다. 밤에 이동하거나 사냥하는 새들은 자연 빛에 의해 그들의 길을 찾습니다, 그러나 큰 도시들의 빛은 그들을 코스에서 벗어나게 할 수 있습니다....."

C학생 : "야생동물들은 위협 받습니다, 빛 공해에 의해, 또한. 새들은, 밤에 이주하거나 사냥하는, 그들의 길을 찾습니다, 자연적인 빛에 의해, 그러나 큰 도시들의 빛은 원인이 될 수 있습니다 그들을 코스에서 벗어나게 하는 ..."

[야생 생물도 빛 공해에 의해 위협을 받고 있습니다. 밤에 이동을 하거나 사냥하는 새들은 자연의 빛에 의존하여 길을 찾지만, 대도시의 빛이 이들을 경로에서 벗어나게 할 수 있습니다. 매년 수백만 마리의 새들이 밝은 조명의 건물과 충돌한 후에 죽습니다. 바다거북들은 해변이 밤에도 너무 밝아서 알을 낳을 장소를 쉽게 찾을 수 없습니다. 또한 많은 새끼 바다거북들은 인공 빛이 이들을 바다로부터 멀어지게 하기 때문에 죽습니다.]

학생들에게 독해를 시켜봤을 때, 나는 C학생의 독해를 좋아한다. A학생은 일단 단어도 모르고, 문법은 더더욱 모르는 학생이다. 그냥 아는 단어를 나열하는 독해를 한다. B학생은 완벽한 독해를 하지만, 실전 시험에서 이렇게 독해하기란 쉽지 않다. 긴 문장을 완벽히 해석하려고 하면 문장 끝에서부터 거슬러 올라와야 하고, 시간도 오래 걸린다. C학생은 문법도 알고, 적절히 끊어 읽기를 할 수 있는 학생이다. 직독직해를 하는 학생은 C와 같은 학생이다!

Q. 나는 독해 공부할 때 A학생인가요? B학생인가요?

A학생

1. 독해 문제집을 푼다.
2. 문제를 풀며 단어를 계속 찾는다.
3. 채점을 하고 해설지의 해설을 읽어본다.
4. 다음 문제를 푼다.
5. 인강으로 독해 강의를 듣는다.
6. 1시간 공부했다는 뿌듯함에 책을 덮는다.
7. 단어를 잔뜩 찾아서 지문에 적어 놓고 끝이다. 다시 해석할 때에는 적어놓은 단어 뜻과 해설지를 보며 해석이 되고 있다는 착각을 한다.

B학생

1. 독해 문제집을 푼다.

2. 문제를 풀며 단어를 찾지 않고 표시만 한다.

3. 답을 확인한 후 해석이 되지 않았던 문장과 단어를 노트에 쓴다. 절대 문제집에 한글 단어 해석을 달지 않는다.

4. 꼼꼼히 다시 해석해 보고 어려운 문장은 문법도 다시 확인한다.

5. 해설지를 마지막에 확인한다. 그리고 이해가 안 되는 문제만 인강을 찾아본다.

6. 시간은 중요하지 않다. 하루에 독해 지문을 2~3개씩 정해 놓고 꾸준히 푼다.

7. 마지막으로 몰랐던 단어와 구문을 노트에 다시 정리한다.

나는 A학생에 해당되나요? B학생에 해당되나요?

1시간을 공부하고, 2시간을 공부한 것이 중요한 것이 아니다. 하나라도 제대로 내 것을 만들어야 실력이 오르기 시작한다. 독해 문제집을 풀 때, 쉬운 문제 10개 맞추고 좋아할 것이 아니라 어려운 문제 1개를 제대로 맞추는 연습을 해야 한다. 하루에 1개도 좋고 2개도 좋다. 욕심내지 말고 지문 하나를 씹어먹는 공부를 하자.

** 씹어먹는 독해 공부

1. 문제를 풀고 정답을 확인한다.
2. 모르는 단어를 찾는다. (5개 이상 찾고 있다면 독해 지문 레벨을 낮춰야 한다! 단어 공부가 아니다! 독해 공부다!)
3. 해석이 어려운 문장은 한 문장씩 노트에 적는다. 문장의 구조를 먼저 파악하고 해석해 본다.
4. 문장 단위로 간단한 한국말 요약을 한다. Key Word만 적어도 된다.
5. 마지막으로 내가 한 해석이 맞는지 해설지를 확인한다.

이때 중요한 포인트는 절대 해설지를 먼저 읽지 말라는 것이다. 답지에 있는 해설지는 마지막까지 멀리하길 바란다. 나 스스로 지문이 이해되기 전까지는 인강도 잠시 뒤로 미루면 좋겠다. 충분히 고민하고 마지막 확인 차원에서 해설지도 보고 인강도 보는 것이다. 편한 공부는 편하게 잊어버린다. 어려운 지문을 눈으로만 읽고 있거나, 강의만 쳐다보고 있으면 절대 내 것이 되지 않는다. 손으로 직접 써보고, 누군가에게 해석해 주듯이 입으로 중얼거리며 영어 공부를 하자! 내가 스타강사가 되어

누군가에게 설명해 줄 수 있을 정도로 어려운 지문 하나에 매달려라. 그렇게 한 개씩 나만의 고난도 지문을 늘려 가는 것이 진짜 독해 공부이다.

교과서가 독해의 기준이다!

– 디지털교과서 학습법

"학교 영어는 쉽다고 하는데, 영어는 학교 영어만 하면 안 되니까요."

정말 그럴까? 우리 아이들은 학교 교과서로 시험을 본다. 그리고 현재 중학교 영어 평균은 60점대이다. 학교 영어는 그렇게 쉽지 않다. 고등학교 내신 범위에도 학교 교과서는 항상 포함되고, 배점이 높은 서술형 문제로 출제된다. (학교별로 차이는 있을 수 있다.)

"교과서 위주로 그냥 열심히 했어요."

매년, 수능 만점자나 서울대 합격생들의 비법을 물어 보면 비슷한 대답을 듣는다. 이 말이 사실이라면 '교과서'는 공부 잘하는 아이들의 비법 중 하나이다. <한국교육평가원>은 학습 방법을 안내하면서 교과서의 중요성을 강조하고 있다. 그렇다면 우리 아이들의 영어 공부 기준을 교과서로 잡아도 되지 않을까? 교과서는 우리나라 최고의 교수들이 좋은 내용을 골라서 만든 최고의 수험서이다.

여기에서 <한국교육평가원> 수능 자료를 간단히 소개해 보겠다.

한국교육평가원
<2022학년도 대학수학능력시험 학습방법 안내> 영어영역

학습방법
수능에서 좋은 결과를 얻기 위해서는 <u>교과서 내의 다양한 대화·담화와 읽기 자료</u>를 '문항 유형'과 연계하여 학습하는 것이 매우 중요하다.

읽기, 중심 내용 파악, 유형 <제목>	• 글의 중심 내용을 파악하여 제목을 추론하는 문항은 글의 전반적인 내용과 세부 정보를 단순히 이해하였다고 하여 정답을 찾기에는 난도가 높은 문항 유형으로 글의 중심 내용을 모두 아울러서 표현한 정답을 추론하기 위한 연습이 필요하다. • 이를 위해서는 <u>교과서를 통해 다양한 주제의 글을 접해보는 것 또한 중요하다.</u> 철학, 종교, 역사, 환경, 자원, 과학, 스포츠, 음악, 미술, 교육, 진로, 인문학, 컴퓨터, 미디어, 의학, 진로 등에 관한 다양한 주제와 소재를 다룬 글에 관심을 가지고 읽으면서 각 중심 소재별로 글이 어떤 방식으로 작성되는지 살펴보아야 한다. • 이를 위해 <u>교과서에 제시된 단원의 제목이나 각 문단의 소제목을 지운 뒤 자신이 스스로 제목을 작성해보고 원래 교과서에 제시된 제목과 자신이 만든 제목을 비교해보는 활동도 도움이 된다.</u>
읽기, 세부 정보 파악, 유형 <실용 자료 내용 일치>	• 내용 일치/불일치 유형으로 제시되는 글의 소재로는 어떤 사물이나 동·식물 등에 대한 설명문, 개인의 전기나 일화가 많이 제시된다. <u>영어 I 과 영어 II 상의 이와 같은 소재의 글들을 주목할 필요가 있다. 이런 글들이 아니더라도 교과서에 제시된 동·식물, 인물과 같은 다양한 소재들에 관하여 인터넷을 활용하여 영문 백과사전을 찾아 읽어보거나, 영문으로 된 관련 사이트를 찾아 읽어보는 것도 도움이 되겠다.</u> • 또한 평소 <u>교과서 내 일상생활에서 쉽게 접할 수 있는 안내문이나 광고문과 같은 글을 읽고 글에 제시된 세부 사항을 정확하게 파악하고 표현을 익혀두는 연습이 필요하다.</u>
읽기, 맥락 파악, 유형 <빈칸 추론>	• 빈칸 추론 문항은 일반적으로 학술적 지문이 주로 사용되므로 단순하고 기계적인 문제 풀이 요령만으로는 정답을 찾기 어려우며, 평상시 지문 전체의 내용을 빠르고 정확하게 읽어 나가면서, 지문의 핵심 소재와 그와 관련된 주제 및 요지를 파악하는 연습을 충실히 해야만 해결할 수 있다. • 이를 위해서는 다음과 같은 학습 전략이 필요할 것이다. 먼저, <u>평소 다양한 소재와 주제의 학술적 지문을 읽고 이해하는 학습이 필요하다. 영어 I 과 영어 II 에서 제시되고 있는 여러 기초 학술적 지문을 충실히 학습한 후, 이를 바탕으로 다양한 소재와 주제의 글로 학습 범위를 확장하여 글을 읽고 이해하는 연습을 충실히 하도록 한다.</u>

읽기, 맥락 파악, 유형 <목적>	• 글의 목적을 파악하는 문항을 해결하기 위해서는 먼저 주요 어휘와 글의 형식, 수신자와 발신자 등의 관계를 파악하고, 글의 주제를 추론해 보아야 한다. 이후 글의 세부 내용을 파악한 뒤 글의 주제와 세부 내용을 종합하여 글의 목적을 재확인해야 한다. • 이를 위해서는 다음과 같은 구체적 학습 전략이 필요하다. 영어 I 과 영어 II 의 다양한 독해 지문들을 읽어보고 글이 목적을 확인해 보는 연습이 필요하다. 이메일 형식을 포함한 편지글, 광고문, 기고문 등이 주로 글의 목적을 파악하는 문항의 지문으로 활용되기 때문에 영어 교과서에서 이와 같은 형식의 글을 읽어보고 필자가 왜 이러한 글을 썼는지 목적을 파악하는 연습을 꾸준히 해보는 것이 좋은 학습 방법이라 볼 수 있다.
듣기, 간접 말하기, 유형 <담화 응답>	• 간접 말하기 유형은 대화나 담화의 흐름을 정확히 이해함과 동시에 주어진 상황에서 가장 적절하게 의사소통을 완성할 수 있는 선택지를 고를 수 있는 능력을 평가하기 때문에 다른 듣기 유형보다 더 높은 수준의 종합적 능력을 요구한다. • 영어 교육과정에서 제시하고 있는 대표적인 의사소통 기능과 예시문을 학습하고, 나아가 실제 혹은 연습 상황에서 직접 사용해 보는 것이 중요하다. • 의사소통 기능별로 자주 사용되는 표현들을 숙달해 놓는 것은 짧은 시간에 다섯 개의 선택지를 직관적으로 이해하고 답을 고르는 데도 큰 도움이 된다.
읽기, 언어 형식, 어휘, 유형 <어휘>	• 영어 I 과 영어 II 에서 제시하고 있는 수준의 어휘 학습이 되어야 하겠다. 특히 동의어, 반의어, 파생어, 철자 혼동 어휘에 대한 기본적인 학습이 필요하다. 어휘의 의미를 많이 암기하는 것에만 그치지 말고, 글의 전체적인 흐름 다시 말해 글의 논지를 염두에 두고 문맥에 적절한 어휘의 의미를 추론하는 연습이 중요하다. 문맥 속에서 적절한 어휘를 추론할 때, 앞뒤 문장의 논리적인 관계에 주목하여 단서를 찾아내야 한다는 점을 명심해야 한다.

출제 범위 및 특이 사항

영어 영역은 2015 개정 교육과정(교육부 고시 제2015-74호) 중 '영어I', '영어II'를 바탕으로 다양한 소재의 지문과 자료를 활용하여 출제한다.

    <u>어휘 수준은 시험 과목 중 교육 과정상 최대 어휘를 포함한 과목인 '영어Ⅱ'의 약 2,500단어 수준으로 설정하고 여기에 교과서의 어휘수를 포함한다.</u> 단, 빈도수가 낮은 어휘를 사용할 경우에는 주석을 달 수 있다.

    자! 이제 독해의 기준을 교과서로 잡는 것이 이해가 되었길 바란다. 디지털교과서를 다운로드하고, 교과서를 기준으로 효과적인 영어 공부를 하자!

<예시 : 영어 2 (천재교육) 이재영 5과 Understanding Others 디지털교과서 본문>

화살표 꼭꼭 눌러보기!!!

Tip! 디지털교과서 본문 공부 방법

1. 비디오 영상을 본다.
2. 단어의 별표를 확인하며 발음과 단어를 익힌다.
3. 한 문장씩 문장을 듣고 따라 한다.
4. Q박스를 열어 문제를 풀고 답을 확인한다.
5. Worksheet박스를 열어서 문제를 푼다.
6. 본문에서 문법 포인트 2가지가 포함된 문장을 확인한다.

   (예: 5형식동사와 before/after)

7. 여러 번 반복해서 본문을 듣고 따라한다.

6

CHAPTER

15살! 영포자를 선택하기엔
너무 어리다!

15살에 영포자 중학생이었던 나에게

"원하고, 희망하고, 계획하고, 바라면 to부정사"

중학교 2학년 어느 날, 처음 영어학원에 가서 노트에 꼼꼼히 필기하고 있던, 교복 입은 나의 모습이 떠오른다. 그때의 나는 쉬운 영어 문장 하나 만들지 못했고, 지금 생각하면 do, does, did도 구별하지 못했던 것 같다. 엄마를 졸라 대형학원 단과수업에 등록하고 to부정사 강의를 들었다. 제법 멋있어 보이는 맨투맨 문법책을 들고, to부정사 페이지부터 펴서 강의를 들었다. 졸지 않고 열심히 수업을 들었지만, to부정사가 뭔지, 왜 써야 하는지,

그리고 to부정사를 써야 하는 동사 리스트를 왜 외워야 하는지 나는 이해하지 못했다.

몇 달 다니지 못하고 나는 영어에 흥미만 잃은 채, 학원을 그만뒀다. 학교 시험에 to부정사 객관식 문제는 골라낼 수 있었지만, 나는 여전히 to부정사가 뭔지 몰랐다. 일반동사도 활용하지 못했던 나는 동사변형의 개념도 잡기 힘들었을 것이다. 결국 나는 영어 단어 하나 제대로 못 읽고, 영어 문장 하나 제대로 해석하지 못한 채로 중학교, 고등학교를 보냈다.

"너 학습지 풀었어?"
"어, 풀었어."

고등학교에 갔더니 친구들이 에이플러스라는 학습지를 풀고 있었다. 매달 오는 문제집이 꽤 있어 보였나 보다. 다시 엄마를 졸라 학습지를 시작했다. 수능이 처음 시작될 때였고, 영어학습지에는 수능 유형의 지문이 실려있었다. 일단 단어를 외웠다. 그리고 단어를 때려 맞추며 독해를 했다. 여전히 무슨 말인지 모르겠고, 해설지를 옆에 두고 퍼즐 맞추듯 독해를 해본다. 결국 분리수거 하는 날마다 학습지를 숨기기 바빴고, 나의 영어실력은 조금도 좋아지지 않았다. 수능을 볼 때는 국어실력으로 영어시험을 봤고, 대학교에 가서는 영어를 쳐다보지도 않았다. 우선 영어를 소리 내서 발음하기가 부끄러웠고, 원어민 교수님이 두려웠고, 영어원서는 감히 읽지도 못했다. 왜 단어를 다 찾아도 해석이 안 되는지, 단어는 외워도 외워도 모르는 단어가 나오는지 도무지 알 수가 없었다.

고작 15살이었을 때부터 나에게 영어는 그냥 외계어였다. 알아듣지도 못하고, 말도 못 하고, 간단한 문장조차 쓰지도 못했다. 교과서를 제외하고는 영어로 된 책을 단 1권도 제대로 읽어본 적이 없다. 그랬던 내가 15년째 영어학원 원장을 하고 있다고 15살의 나에게 말해주면 그때 영어를 좀 더 열심히 했을까? 만약 열심히 했더라도 그때의 내가 잘할 수 있었을까? 난 조용히 수업을 잘 듣는 착한 중학생이었다. 엄청 열심히까지는 아니어도, 수업 시간에 필기도 했고, 시험 기간에는 시험공부도 했다. 그런데 나는 왜 15살 때부터 30살이 될 때까지 단 한 번도 영어를 잘하지 못했을까?

내가 중학생이었을 때에서 28년이 지났다. 그리고 그때와는 전혀 다른 세상에서 나는 아이들을 키우고 살고 있다. 지금 내 아이가 갈 중학교는 15살의 내가 앉아있던 영어 시간과 많이 다를까? 내가 현장에서 만난 많은 중학생은 그때의 나와 그리 다르지 않은 것 같다. 여전히 영어는 어렵고, 여전히 영어 독해는 암호해독 수준이다. 이 아이들 중에도 나처럼 영어를 직업으로 가질 수 있는 아이들이 많을 것이다. 영어로 프레젠테이션을 하고, 영어로 보고서도 쓰고, 영어로 투자계약서에 사인을 할 수도 있다.

지금의 내가 15살의 나를 안쓰럽게 쳐다보듯이, 나는 지금 중학생들을 안쓰럽게 바라본다.

"영어를 못하는 것이 너의 잘못만은 아닐 수도 있어. 그러니까 다시 시작해봐! 아직 안 늦었어!"

15살 중학교
2학년들에게

"중학교 2학년, 첫 영어시험을 보고 난 기분이 어때?"

역시 영어는 쉽다며 만족한 결과를 냈을 수도 있고, 생각보다 실수가 많아 결과가 아쉬울 수도 있을 것이다. 또는, 갑자기 영어가 세상에서 가장 어려운 과목이 되어버렸을 수도 있겠다. 영어가 앞으로 5년 후 수능까지 도움이 되는 과목일지 발목을 잡을 과목일지 지금부터가 중요하다. 이제 냉정하게 나의 영어 수준을 확인해 보고, 앞으로의 계획을 세울 때이다. 이제까지의 영어 공부는 잠시 내려놓고, 앞으로의 영어 공부를 고민해보자!

1. Level 3 : 영어는 쉽다!

중학교 내신이 90점 이상 안정적이고, 어휘도 2,000개 정도 갖추고 있다면 앞으로의 영어도 계속 쉬울 것이다. 이런 경우 꾸준한 독해와 어휘 학습이 필요하다. 문법은 독해와 함께 공부하면 되고, 단어도 무리하지 말고 한 개의 단어장을 반복해서 학습하면 도움이 된다. 단, '꾸준히'가 중요하다! 영어는 언어이기 때문에 한순간 소홀하면 금방 감이 떨어진다. Level 3이라면 좋아하는 원서 읽기도 좋고, TED나 영어뉴스 등 좋은 콘텐츠로 진짜 영어 공부를 하는 것도 가능하다.

* 독해는 고1 모의고사 지문으로!

독해 연습을 할 문제집이 필요하다면 고1 모의고사 문제집을 추천한다. 중학교 2학년 여름 방학 때부터 시작해도 된다. 아직 실전 감각이 필요한 것은 아니기 때문에 모의고사 1회를 일주일 정도에 나누어 풀어보자!

문제풀기

1일 : 듣기평가와 18번(목적), 19번(분위기)

2일 : 20번 ~ 24번

3일 : 25번 ~ 28번

4일 : 29번 ~ 34번

5일 : 35번 ~ 39번

6일 : 40번 ~ 45번

7일 : 단어정리

EBS강의 듣기

1. EBSi 앱을 다운로드한다.

2. 학력평가 해설 강의를 찾는다. (기출문제에 연도와 해당 월을 검색하면 된다.)

3. 해설 강의는 5부로 나누어져 있다. 문제를 다 풀어본 후 강의를 본다.

4. 모의고사 점수가 80점 이상이라면 틀린 문제만 들어봐도 된다.

5. 모의고사 점수가 80점 이하라면 29번부터 40번까지 강의는 다 듣는 것이 좋다.

> Tip!
>
> EBS 강의가 효과 있으려면 반드시 문제를 직접 풀어보고 채점한 후에 봐야 한다. 강의를 볼 때도 드라마 시청하듯 보면 안 된다. 꼼꼼히 필기하고 어려운 문장은 잠시 강의를 멈추고 써보길 추천한다. A4용지 학습법을 활용하면 더욱 효과적이다.

2. Level 2 : 영어가 어렵진 않은데 점수가 아쉽다.

내신점수 80~90점 사이이거나, 문법 문제가 틀리고 있다면 조금은 불안한 레벨이다. 일단, 문법이 안 잡혀 있을 가능성이 높다. 문법 문제집은 풀어봤는데, 머릿속에 전체 문법 지도가 없다면 중2, 중3 정도의 문법 문제집을 다시 풀어봐야 한다. 문법 문제집 목차를 펴고, 내가 이 문법을 한마디로 정리할 수 있는지 확인하자!

'수동태' 아~ 목적어가 앞으로 오는 거였고, be pp by였어. 4형식, 5형식 수동태 바꾸는 것이 중요했었지~!
'분사' 분사는 형용사였어. ed 모양도 있었고 ing 모양도 있었어! 수동태랑 현재진행이 여기에 나왔었는데... TV는 boring하고, 나는 bored하고! 사람은 ing할 수 있고, 사물은 ed당하고!
'관계사' 두 문장을 하나로 합치는 거였어. 반복되는 말이 선행사였고, that이랑 what은 선행사로 구별하고, 관계대명사랑 관계부사는 뒤에 문장이 완벽한지 봐야지! 아! that만 쓰는 애도 있었는데... 선행사가 최상급, 서수, 사물이랑 사람이 섞인 거였지? 생략도 봐야 했는데.. 목적어자리가 생략되고, 주어자리는 be동사와 함께!!!

제목만 봐도 이렇게 정리가 되어야 문법을 아는 것이다. 100문제를 풀든 200문제를 풀든, 맞고 틀리는 것이 중요한 것이 아니다. 이 문제가 어느 문법을 물어보는 것인지 정리되어 있어야 한다. 챕터 별로 문법 보물지도를 그려보고, 암기해야 할 문법을 정리해두자!

문법이 안 잡혀 있으면 독해는 효과가 없다. 그냥 모르는 단어만 외울 뿐이다. 스스로 독해가 가능한 레벨이 되어야 독해 문제집이 의미가 있다. 당장은 느린 것 같아도, 문법이 잘 안 잡혀 있으면 문법 공부부터 하자! 문법이 잡히면 독해 실력은 금방 늘 수 있다. 반대로 독해로 문법을 잡으려고 하면 시간과 노력이 많이 든다. 기억하자! 문법은 영어 공부의 뼈대이다! 뼈대가 잘 잡혀 있어야 그 위에 독해를 쌓아도 무너지지 않는다.

3. Level 1 : 영어가 어렵다!

경험상으로 내신점수 80점 이하는 모두 이 레벨에 해당한다고 봐도 과언이 아니다. 실수라고 생각하는가? 실수도 실력이다. 정해진 범위 내에서 보는 학교 시험에서 80점을 넘지 못했다면, 문법도, 어휘도 모두 부족할 가능성이 크다. 그리고 성실함과 꼼꼼함도 부족했을 것이다. 학교 내신은, 학교 수업만 잘 듣고 내신 문제집만 제대로 풀어봤다면 중학교 2학년에서 80점은 넘길 수 있다. 문제는 아예 기초가 없거나, 공부를 안 한 것이다.

기초가 없는 경우

가장 점수 올리기 힘든 경우이다. 앞으로 2년 동안 열심히 내신 대비만 해서 점수가 오르더라도, 앞으로가 더 문제이다. 고등학교에 가면 다시 점수가 떨어질 가능성이 아주 크기 때문이다. 영어 기초에 대한 기준은 다르겠지만 여기에서 말하는 내신시험에 기초가 없는 경우는 두 가지이다. 영어를 못 읽거나, 동사구별이 안되는 경우이다.

첫째, 영어를 못 읽는다. 초등학교 때 배운 파닉스부터 문제가 생겼을 것이고, 문장을 유창하게 읽지 못할 것이다. 당연히 단어 암기도 힘들고, 독해는 더더욱 힘들다. 아직 늦지 않았다! 영어를 제대로 읽어낼 수 있는 공부부터 해야 한다. 여기서 더 늦어진다면 영어와 영원히 작별인사를 해야 할지도 모른다. 읽을 수 없다면 들리지도 않고, 외울 수도 없다! 디지털교과서를 활용하여 열심히 본문을 듣고 따라 하는 훈련을 해야 한다. 적어도 하루에 30분 이상은 소리 내어 영어를 읽는 연습을 하자!

둘째, 동사 구별이 힘들다. 중학교 1학년이 자유학기제이기 때문에 1학년 때 정말 중요한 기초를 놓치고 있다는 사실을 몰랐을 것이다. be동사와 일반동사의 의문문과 부정문을 자유자재로 만들 수 있는지 확인해 보자! 그리고 불규칙 동사를 모를 가능성이 높다. 불규칙 동사는 사용 빈도가 높은 동사들이다. 구구단을 안 외우고 곱하기를 배우는 것과 같이, 불규칙 동사 암기가 안 되어 있다면 영어 단어의 가장 기본적인 준비물이 없는 것이다. 동사를 모르면 영어 문장은 절대 해석할 수 없다. 인터넷에 '불규칙동사표' 만 검색해도 좋은 자료가 많이 나온다. 다른 단어들보다 그걸 먼저 외워야 한다. 그리고 be동사와 일반동사의 부정문, 의문문을 공부하자! 중학교 1학년 교과서가 가장 좋다. 본문을 한 문장씩 읽으며, 모든 문장을 부정문과 의문문으로 바꿔보는 것이다.

공부를 안 한 경우

영어도 읽을 줄 알고, 동사도 구별할 줄 아는데, 점수가 안 나왔다면 내신 대비 공부를 안 한 것이다. 방법을 몰랐을 수도 있고, 반복훈련을 못 했을 수도 있다. 보통 학원에서 중학교 내신 대비를 한다고 하면 적어도 3번 정도는 반복훈련을 한다. 시험 범위 내용이 어려워서가 아니라 실수를 줄이고, 많은 문제 유형을 훈련하기 위해서이다. 평소에 영어를 잘한다고 해도, 시험점수를 내기 위한 훈련은 필수이다. 영어 수업 시간에 선생님이 강조하는 부분을 꼼꼼히 필기해야 하는 것은 물론이고, 선생님이 나누어 주는 프린트도 잘 챙겨놓아야 한다. 중요 문법 문제 풀이 연습도 많이 하고, 교과서 본문도 꼼꼼하게 영작이 가능할 정도로 공부하는 것이 좋다. 어차피 고등학교에 가면 시험에서 영작을 해야 한다. 귀찮다고, 혹은 어렵다고 서술형 문제와 영작을 자꾸 피한다면 좋은 점수가 나오기 힘들다. 틀린 문제는 답지만 보고 그냥 넘기지 말고 꼼꼼하게 오답 노트도 정리해 놓는 것이 좋다.

학교 영어 내신 시험점수는 영어 실력 평가에 있어 기본이다. 안정적으로 90점 이상이 나오지 않는다면 나의 영어 실력을 의심해 보는 것이 맞다. 중학교 2학년에 보는 4번의 내신시험을 그냥 단순히 실수라고 넘겨버리면 정말 중요한 골든타임을 놓치는 것이다. 거듭 말하지만, 공부는 성실함과 집중력으로 하는 것이다. 고등학생이 되었다고 이 두 가지가 갑자기 생기지 않는다. 중학교 내신시험 기간에 최선을 다하길 바란다. 지금부터 하나씩 쌓아가는 공부 태도가 대학 입시까지 영향을 줄 것이기 때문이다.

중학교에 입학하는
내 아들에게

"엄마, 나 단어시험 한 개 맞았어."

첫 아이가 초등학교 3학년이었을 때, 작은 쪽지를 내밀었다.

엄마 mather, 아빠 fother, 고양이 cat, 기린 giref, 코끼리 ele...

10문제 정도 되는 영어 단어시험이었고, 절반은 빈칸이었다.

"잘했어. 백지는 아니네. 근데 보통 아빠, 엄마 정도는
알지 않니?"
그땐 그냥 가볍게 넘겼다.
'아직, 3학년이잖아.'

얼마 전, 이제 6학년이니 영어 공부 좀 해야겠다 싶어
아이 교재를 함께 봐줬다.
"'이것'이 뭐야?"
"that? 아! 아니다! it?"
"아니! 이것은 this, 저것은 that, 그것은 it! 이게 어려
워?"
우리의 영어 공부는 10분 만에 끝났다.

"영어는 너무 어려워."
돌아서며 투덜거리는 아이 뒤통수에 대고 빽! 소리를
지른다.
"뭘 했다고 어려워? this, that이 어려워?"

어느새 키는 엄마를 훌쩍 뛰어넘고, 벌써 어른티가 나
는 아들은 인상을 팍 쓰고 방으로 가버린다. 학원을 한
다고 하면 아이 교육에 열성일 것 같지만, 난 그렇지 못
했다. 아이들이 초등학교 내내 학원을 다녀본 적이 없다.

물론, 아이들의 선택이었다. 유치원 때 집에 아이들만 둘수 없어서 학원을 데리고 다닌 탓인지, 우리 아이들에게 학원은 힘들고 재미없는 곳이 되어 버렸다. 유치원이 끝나면, 엄마와 함께 1시에 출근해서 8시가 넘어야만 퇴근할 수 있는 곳이었으니 어린아이들에게는 좋은 기억일수가 없었다. 그 이후로 아이들은 단 한 번도 학원에 보내 달라는 말을 하지 않았다. 정작 나도 내 일이 바빠서, 아이들 공부는 뒷전이었다. 시험을 봤는지, 교과서는 제대로 가지고 다니는지, 필통에 연필은 있는지도 확인 못하고 6년이 훌쩍 지나 버렸다.

큰일 났다! 아들이 이제 중학교에 간다. 학원 영어교재를 가져다주긴 했지만, 한 번도 제대로 확인해주지 않았고, 지금 하고 있는 교재는 초등3~4학년용이다. 이제 "네! 엄마!"하고 예쁘게 말해주는 나이도 지나버렸고, 갑자기 공부를 시킨다고 할 것 같지도 않다.

'어떡하지?'

엄마표 영어, 영어 공부법 등의 책을 안 읽어 본 것이아니다. 직업 특성상 그런 책들은 거의 다 읽어 보았고, 이론상으로는 잘 알고 있다. 그런데 문제는 내가 그렇게 꾸준히, 열성적으로 아이 영어를 함께해 줄 수 없다는 것이다. 하루 종일 수업을 하고 집에 오면 아무리 내 아이가 소중해도 집에서까지 같은 일을 하고 싶지는 않은 게으른 엄마다. 게다가 엄마와 아들은 다른 세계 사람인데, 굳이 공부까지 함께하며 사이가 나빠질 필요는 없지 않을까?

'교과서!'

그래서 생각해 낸 방법이 교과서이다. 아직 한 학기라는 시간이 남아 있다. 다행히 남들이 1년 정도 하는 파닉스 교재를 3년 동안 반복한 덕분에 영어글자는 읽을 줄 안다. 중학교 1학년 디지털교과서를 다운로드해서 하루에 한 페이지씩 읽히기로 했다. 소리 내서 큰소리로!

"그래, 학원 안 가니까 그 정도는 내가 해줄게."라고 말해주는 아들이 눈물 나게 고맙다.

예비중 아들 중학교 교과서 읽기 프로젝트
준비단계 : 아이 핸드폰에 디지털교과서를 다운로드한다.

월 : 본문 1쪽을 듣고 따라 말한다.

화 : 본문 1쪽을 듣고 따라 말한다.

수 : 본문 1쪽을 듣고 따라 말한다.

목 : 본문 1쪽을 듣고 따라 말한다.

금 : 전체 본문을 듣고 따라한다.

토 : 영어 노트에 본문을 한 번 쓴다. (동사체크 첨삭)

일 : 전체 본문을 큰소리로 읽는다.

Tip 1.

본문 1과를 끝낸 것에 대한 보상! (칭찬, 용돈)
주의할 점! 절대 욕심내지 말자! 하루에 10~30분이면 충분하다.

Tip 2.

예비중이라면, 교과서를 무조건 끝까지 가는 것을 목표로 하는 것을 추천한다. 1과부터 8과까지 2달(8주) 동안 한 번 끝내는 것이다. 그리고 다시 1과로 돌아와서 복습하자! 교과서를 끝까지 한 번 봤기 때문에 다시 복습할 때에는 문장도 쉽고 짧게 느껴질 것이다.

내 아이에게 아직 늦지 않았다고 말해주고 싶다. 영어를 계속 공부할 수 있는 발음 자신감이 있고, 모르는 단

어를 보고 읽을 줄 아는 능력이 있다. 그거면 충분하다. 중학교 3년, 고등학교 3년을 교과서 위주로 차근차근 수능 영어 1등급까지 할 수 있다!

이날부터 아이는 아침 학교 가기 전 디지털교과서를 보고 본문을 듣고 따라 한다. 아직 중학교 1학년 교과서이고, 내용이 길지 않기 때문에 금방 끝난다. 틀린 발음을 잡아주고, 속도가 너무 느리면 재학습을 한 후 점검까지 10~15분이 걸린다. 그러나 '꾸준히'가 중요하다. 매일 매일 할 수 있다면 10분도 좋고, 20분도 좋다. 그것이 바로 습관의 힘이지 않은가?

아직, 늦지 않았다!

펭수가 그려진 <수능특강 영어독해연습> 문제집을 들고 카페에 앉는다. 코로나 이후로 마스크가 답답해서 카페에 잘 가지 않았는데, 오늘은 어쩔 수 없다. 집에서 책을 펴면 TV 리모컨으로 손이 갈 것이고, 옆에서 찡얼대는 강아지와 놀아줄 것이다. 집중해서 수업 준비를 하려면 커피도 필요하고, 딴짓 안 할 수 있는 환경도 필요하다.

'무슨 부귀영화를 누리겠다고.'

내가 공부를 좋아하던 아이였던가? 아니다, 난 공부를 좋아하지 않았다. 특히 영어 공부는 더더욱 좋아하지 않았다. 그런데 나이 마흔이 넘어서 고등학교 영어문제집이라니 갑자기 서글퍼진다. 나도 카페에서 수다 떠는 거 좋아하고, 집에서 넷플릭스 틀어놓고 드라마 정주행하는 걸 좋아한다. 그래도 난 커피 한 모금 마시고 문제집을 펴고 독해에 빠져든다. 드라마보다 재미있지는 않지만 내가 해야 하는 일이니까 그냥 한다.

이 책을 읽고 있는 중학생이라면, 적어도 영어 공부가 재미있지는 않을 것이다. 그리고 영어가 뭐라고 이렇게 공부법 책까지 보면서 잘하려고 하는 것인지 지긋지긋 할 수도 있겠다. 모두들 영어가 중요하다고 하고, 말을 배우는 아기들부터 이제는 성인까지 영어를 해야 한다고 한다. 도대체 언제부터 언제까지 영어 공부를 해야 하는 걸까?

"저는요, 영어 안 하고 평생 한국에서만 살 거 거든요!"

한 초등학생이 영어 공부하기 싫다고 이렇게 말한 적이 있다. 영어를 잘하면 해외여행도 다닐 수 있고, 맛있는 것도 사 먹을 수 있다는 말을 들은 모양이다. 그런데,

한국에서만 살아도 영어로 시험을 보고, 영어로 수능을 본다는 긴 몰랐나 보다. 적어도 초등학교 3학년부터 고등학교 3학년까지 우리나라 학생이라면 영어라는 과목에서 자유로울 수는 없다.

영어가 왜 중요한지 이유는 많다. 세계공용어이고, 전세계 논문이나 문서의 대부분이 영어이고, 21세기에는 인터넷 언어 자체가 영어이기 때문에 더 중요하다. 영어로 직장을 가질 수도 있고, 유튜버(초등학생 장래 희망 1위)도 영어를 잘하면 조회 수가 전 세계를 대상으로 올라갈 수 있다. 영어가 없었다면 <오징어 게임>이 전세계적인 인기를 얻을 수 없었을 것이다. 한국은 자원이 풍부하지 않고 무역이 경제에 차지하는 비중이 높기 때문에 영어를 잘하면 분명히 사회로 나갈 수 있는 선택의 폭이 더 넓을 것이다. 특히, 손안의 핸드폰으로 전 세계와 연결될 수 있는 지금, 영어가 더 중요해진 것은 분명하다.

그리고 지금 학생이라면 영어라는 과목 하나를 잘했을 때, 대학의 문은 더 넓어진다. 이것만으로도 영어 공부를 해야 하는 분명한 이유 하나는 있는 것이다. 어차피 해야 할 공부라면 지금 잘하는 게 낫지 않을까? 많은 사람이 대학에 가서도, 취업을 위해서도, 그리고 성인이 되어도 좋든 싫든 영어 공부를 한다. 그러니 중학교 2학년! 지금 잘한다면 어른이 되어 힘들게 다시 영어 공부를 하지 않아도 된다. 그리고 지금 기초를 잘 잡아 놓으면 평생 가져갈 수 있는 스마트키 하나 정도는 가지게 되는 것이다.

영어 유치원을 못 가서?
초등학교 때 동네 유명한 어학원을 못 가서?
원어민 수업을 못해서?
어학 연수를 못 가서?

이런 이유로 영어가 늦었다고 생각한다면, 절대 아니다! 어떻게 보면 중학교 2학년인 지금이 진짜 중요한 출발점이다. 당장 시험점수가 낮은 것이, 영어 발음이 안 좋은 것이, 어릴 때 영어를 시작하지 않았기 때문이 아니다. 중학교 2학년! 지금이 제대로 영어 공부를 다시 시작할 터닝 포인트가 될 수 있다. 다시 시작한다는 마음으로 지금 학교 교과서부터 다시 펴고 영어를 소리 내어 읽어보자! A4용지를 펴서 문법 지도를 그리고, 4등분 독해도 하고, 매일 단어습관도 잡아보자!

정말이다! 늦지 않았다!

이 책을 읽고 '이번 생은 영어 망했다'라고 생각하는 중학생들이 다시 영어를 시작했으면 하는 바람이다. 고작 15살에 망한 인생이란 없다. 충분히 할 수 있고, 할 수 있는 아이들이라는 걸 믿어줬으면 좋겠다.

영어학원 원장이어서 행복합니다.

　좋아하는 일을 하며 산다는 것은 참 행복한 일이다. 요즘 나는 참 행복한 사람이라는 생각을 많이 한다. 학생들을 만나 영어를 가르치는 일이 좋다. 그리고 우리 학원은 학생들이 평균 6년 이상 다니는 학원이다. 올해 고등학교에 올라가는 학생들은 거의 초등학교 3학년, 4학년 때 만난 아이들이다. 그것도 매일! 어쩌면 아들들보다 더 많은 시간을 보낸 이 학생들이 어떻게 안 예쁠 수 있을까? 나는 내가 가르치는 학생들이 참 예쁘고 좋다. 영어를 잘하는 학생도 있고, 단 한 번도 영어가 쉽지 않았던 학생도 있다. 항상 잘하는 학생은 어디 가도 잘하겠지만 영어가 힘든 학생은 나 아니면 못 할 거라는 생각을 가지고 가르친다. 원장쌤 반이라는 이유로 우리 반은 영어가 힘들었던 학생들이 대부분이지만 그 학생들이 영어가 제일 자신 있는 과목이라고 말한다. 그게 정말

고맙다.

학원을 시작할 때 영어는 내가 좋아하는 일도, 잘하는 일도 아니었다. 차라리 전단지를 접는 일이 더 쉬웠고, 영어는 공부해도 공부해도 어렵기만 했다. 그리고 요즘 고등학교 영어 수업을 준비하는 나에게 영어는 아직도 어렵다. 이쯤 했으면 쉬울 만도 할 텐데, 아직도 문제집을 잡고 씨름하고 있는 걸 보면 영어는 나에게 아직도 숙제인가 보다. 그래서 나는 영어가 힘든 학생들에게 절대 공감한다.

"영어는 원래 이렇게 쓰는 거야!"
"어떻게 이것도 몰라?"

나도 왜 그렇게 쓰는지 몰랐던 영어였다. 그래서 복잡한 영어 문법을 가장 쉽게 정리하는 방법을 많이 고민했는지도 모르겠다.

아침에 눈을 뜨면 EBS 강의를 듣고, 아이들을 학교에 보낸 후에 카페에서 수능특강 문제집을 푼다. 그리고 학원에 출근하면 어제 속 썩였던 학생, 어제 숙제 안 해서 혼났던 학생이 하나씩 웃으며 들어온다.

"그래! 오늘 하루도 시작이다!"

커피 한잔에 행복한 수업을 시작하는 나는 세상에서 가장 행복한 영어 학원 원장이다!

Thank you!

이번 책에는 그분의 추천사를 받을 수 없지만, 김성수 회장님, 항상 존경하고 감사드립니다.

『학원이 끌린다』의 저자 이경애 사장님은 15년 동안 변함없는 저의 멘토이십니다.

두 번째 책을 흔쾌히 함께해주신 '씽크스마트'에게도 감사드립니다.

15년 동안 한 자리에서 학원을 할 수 있었던 것은 부개동 학생들과 학부모님들 덕분입니다. 그리고 기꺼이 저의 오랜 동료로 남아주신 Judy 부원장님과 Kate 쌤! 감사합니다.

세상에서 가장 사랑하는 나의 신랑과 두 아들, 함께 있을 때 가장 행복한 저의 보물들에게도 감사와 사랑을 전합니다.

MVP 학습법 :
마인드맵(Mind Map)으로
영문법 잡기!

1달 안에
영어 문장구조가 보인다!
– 중2 영어 백신 : 동사 찾기

준비물 : 영어 교과서 + 형광펜

백신 (Vaccine)

병원체의 감염이 있기 전 인체 내에 인위적으로 약독화된 병원체 등을 주입하여 인체의 면역체계를 활성화시키고, 이에 따라 인체가 향후 병원체에 감염되는 피해를 예방하거나 그 피해를 최소화 시키기 위한 것이다.

중2 영어 백신은 동사다! 영어 문장의 동사를 보는 눈만 생기면 영어 독해를 해낼 수 있는 면역력을 가지게 된다.

코로나19(COVID-19)로 일상이 잠시 멈추었었다. 이 시기에 학생들의 일상도 함께 멈추었다. 등교가 멈춰졌고, 온라인 수업이라는 낯선 환경에서 2년 남짓한 시간을 보냈다. 일부 학생들에게는 자기주도 학습의 토대를 만들수 있는 기회의 시간이었을 것이다. 그러나 그렇지 않은 학생들에게는 '기초학력 미달'이라는 결과를 낳아버렸다. 실제로 2021년 교육부의 중고교 학업성취도 평가 결과 '기초학력 미달 최대 2배 이상 증가'라는 기사도 나왔다. 이제 백신 접종으로 일상을 회복하려는 노력이 계속되고 있다. 학습에도 백신이 필요한 시기이다. 혹시 영어 과목에 구멍 난 학습 공백이 있다면 중2 영어 백신인 동사부터 확인하고 더 큰 학습 공백을 예방했으면 좋겠다. 이 책에서 소개하려는 MVP 학습법을 위해서는 한 달 안에 영어 문장을 볼 수 있는 동사가 가장 필요하다. 지금 학교 교과서를 펴고 동사 찾기 연습부터 시작하자!

1. 문법은 영어 문장구조만 이해하면 너무 쉬워진다!

중·고등학생에게 영문법은 특히 중요하다. 영어 문법의 기초가 잡혀 있어야 독해가 가능하기 때문이다. 그리고 학교 내신에서 문법은 여전히 중요하다. 중학생이라면 문법 문제집 한 권쯤은 풀어봤을 것이다. 그런데 과연 영어의 기초를 잘 갖추고 있을까? 여기에서 말하는 영어의 기초는 영어 문장의 구조를 볼 수 있는 눈을 가지는 것이다. 지금까지 문법 공부가 외우기만 한 방법인지, 문장구조를 보며 공부한 방법인지 확인해보자!

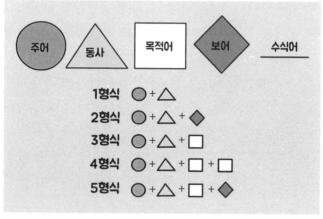

㈜잉글리쉬무무 Grammar Focus 도형 참조

1형식 I go. 나는 갑니다.

2형식 I am Happy. (명사 보어) 나는 Happy입니다.

I am happy. (형용사 보어) 나는 행복합니다.

3형식 I love him. 나는 그를 사랑합니다.

4형식 He gives me water. 그는 나에게 물을 줍니다.

5형식 He named me Happy. (명사 보어)

그는 나를 Happy라고 이름 지었습니다.

He made me happy. (형용사 보어)

그는 나를 행복하게 만들었습니다.

5형식 지도는 영어의 어순을 한눈에 볼 수 있게 해주는 보물 지도이다. 그리고 어떤 영어 문장도 이 모양을 벗어나지 않는다. 정말 모든 문장이다. 관계대명사, 부사절 같은 문장들은 더 복잡할 것 같다고 생각하는가? 아니다! 정말 저 5개의 집 속에 모든 영어 문장이 존재한다. 수능에서 만나게 될 4~5줄이 넘어가는 영어 문장도 저 5가지 모양 중 하나일 뿐이다. 그리고 순서도 바뀌지 않는다. 무조건 저 순서이다. 복잡해 보이는 긴 문장이 저 5개의 집 안으로 모두 들어가는 모습을 소개해 보겠다.

** 5형식 문장 의 예 <2021년 8월 고2 모의고사 30번 예문>

However, relying on only a few varieties of cultivated crops can leave humankind vulnerable to starvation and agricultural loss if a harvest is destroyed.

주어 (동사 앞)	동사 (동사 묶음)	목적어 (을/를/에게)	목적격 보어	수식어 (부사절)
He	made	me	happy	yesterday.
(*However), relying on only a few varieties of cultivated crops	**can leave	humankind	vulnerable to starvation and agricultural loss	***if a harvest is destroyed.
(그러나), 소수의 재배된 작물에만 의존하는 것은	남겨둘 수 있다.	인류를	기아나 농업의 손실에 취약한 상태로	만약 추수가 망쳐지면

* However (접속사)
** 조동사 + 동사원형 (동사 묶음으로 본다.)
*** if 조건절 (부사절이므로 수식어로 본다.)

이처럼 복잡한 영어 문장도 주어, 목적어, 보어, 수식어 5개의 자리로 들어간다. 벌써 영어 공부가 좀 만만해지지 않는가?

2. 1달 동안 교과서에서 동사 찾기! (중2 영어 1차 백신)

첫 번째 중2 영어 백신은 동사이다. 교과서를 펴고 동사 찾는 연습만 한 달 해보자. 형광펜으로 동사를 표시하고 동사만 해석해 보는 것이다. 이 연습만 제대로 해도 기초 문법의 반은 해결할 수 있다. 다음은 중학교 2학년 교과서에 나와 있는 문장이다. 형광펜을 들고 동사를 찾아보자! (여기에서 말하는 동사는 문장성분으로서의 동사다.)

Wildlife is threatened by light pollution, too. Birds that migrate or hunt at night find their way by natural light, but light in big cities can cause them to wander off course. Every year millions of birds die after hitting buildings that have bright lights. Sea turtles cannot easily find a place to lay eggs since beaches are too bright at night. Also, many baby sea turtles die because artificial light draws them away from the ocean.

동사 몇 개를 찾았나요???

정답

1. Wildlife is threatened by light pollution, too.
2. Birds that migrate or hunt at night find their way by natural light, but light in big cities can cause them to wander off course.
3. Every year millions of birds die ~~after hitting buildings that have bright lights.~~
4. Sea turtles cannot easily find a place to lay eggs ~~since beaches are too bright at night.~~
5. Also, many baby sea turtles die ~~because artificial light draws them away from the ocean.~~

영어 문장은 5개! 동사는 6개이다!

1. 위협받는다.
2. 찾는다. (그러나) 원인이 될 수 있다. (but이 있어서 동사가 2개이다.)
3. 죽는다.
4. 찾을 수 없다.
5. 죽는다.

1과부터 8과까지 동사 찾는 연습을 먼저 하고, 동사 중에 모르는 단어가 있다면 그 단어부터 외워야 한다. 교과서 동사는 무조건 100% 외우자! 교과서 단어를 외우는 것이 영단어 학습의 첫걸음이고 그중에서도 동사를 외우는 것이 우선이다!

교과서 예시

(중2 천재 <이재영>)

Lesson 4. Earth, Our Only Home

Look at this beautiful painting.

It was created by the famous Dutch artist Vincent van Gogh in 1889.

In Van Gogh's time, almost everyone could look up and see a wonderful starry night sky. *

Now, how many of us are as lucky as Van Gogh?

In fact, many people in today's world cannot enjoy a starry night sky.

This is so because of light pollution.

Most of us are familiar with air, water, and land pollution.

We know that they are serious problems, and we are taking action to solve them.*

But did you know that light can also cause pollution?

Light pollution—too much light in the wrong place at the wrong time—is almost everywhere around the world.

It can have serious effects on humans and wildlife.

74

According to a recent report, about 80% of the world's population lives under skies that are not dark enough at night.

Especially in big cities, people often cannot see a starry night.

They can also suffer from sleep problems because the natural rhythm of day and night is disturbed by artificial light.

Wildlife is threatened by light pollution, too.

Birds that migrate or hunt at night find their way by natural light, but light in big cities can cause them to wander off course. *

Every year millions of birds die after hitting buildings that have bright lights.

Sea turtles cannot easily find a place to lay eggs since beaches are too bright at night.

Also, many baby sea turtles die because artificial light draws them away from the ocean.

Clearly, light pollution is as serious as other forms of pollution.

We have to find ways to solve the problem.

If we do not, we may see stars only in our dreams or paintings.

22문장 동사 25개 (한 문장에 동사는 하나다! * 문장은 동사 2개)

3. 동사 찾기에 필요한 문법 정리 (중2 영어 2차 백신)

　중2 영어 1차 백신에서 동사 찾기에 문제가 없다면 2차 백신은 건너뛰어도 좋다. 여기에서 소개하는 내용은 동사 찾는 방법을 도와주는 요령이다.

동사 찾기 10단계

1. 모든 영어 문장은 대문자로 시작해서 마침표나 물음 표로 끝난다!

2. 모든 영어 문장에 동사는 반드시 1개 이상 있다!

3. 동사는 '~다'로 해석된다.

4. be동사 (am / are / is / was / were)는 가장 강력한 동사다!

5. 일반동사의 모양은 원형이거나 ~s/es(현재형)가 붙거 나 ~d/ed(과거형)가 붙는다.

6. 과거동사를 해석할 때에는 한국말에 '~ㅆ'을 붙여 해석한다. (예: 간다 → 갔다 / 본다 → 보았다)

7. 조동사 (must / should / will(would) / can(could) / may(might))는 뒤의 동사원형과 함께 동사 표시하고 해석한다.

    must 해야만 한다   + study 공부하다

    → 공부해야만 한다.

    will 할 것이다   + study 공부하다

    → 공부할 것이다.

    can 할 수 있다   + study 공부하다

    → 공부할 수 있다.

    may 할지도 모른다   + study 공부하다

    → 공부할지도 모른다.

8. when, before, after, because, since, as, although, though, if, unless 다음에 오는 동사는 표시하지 않

는다.

Sea turtles cannot easily find a place to lay eggs since beaches are too bright at night.

9. 진짜 동사만 찾아야 한다! (동사변형, 명사절, 관계사절에 있는 동사는 진짜 동사가 아니다!)

We know that they are serious problems, and we are taking action to solve them.

10. and, or, but, so가 있다면 동사가 2개 이상 나올 수 있다.

Birds that migrate or hunt at night find their way by natural light, but light in big cities can cause them to wander off course.

- 1일 공부시간 : 10분
- 1일 공부 양 : 교과서 본문 1페이지
- 1과 본문 3페이지 × 8과 = 24페이지

1달 ! 하루 10분 ! 교과서 동사 찾기 !

ㅇ △ ㅁ 영문법
– 품사 캐릭터와 영어마을 집짓기

1. 영문법의 동그라미, 세모, 네모

영어의 주어(동그라미)는 문장의 주인공이다. 주어가 영어 문장을 끌고 다니며 이야기를 만든다. 영어의 동사(세모)는 영어 문장의 질서를 담당한다. 동사가 주어와 목적어의 자리를 정해주며, 영어 어순이 바뀌면 전혀 다른 의미가 되어 버린다. 영어의 네모(목적어)는 주어와 동사의 대상이다. '을/를'로 해석되며 영어 문장의 필수자리 중 하나이다.

Tip! 본격적인 영문법 공부에 앞서 자리와 품사에 대한 이해는 필수다!

○ 주어 △ 동사 □ 목적어 ◇ 보어
주어 : '은/는/이/가' 로 끝나는 말
동사 : '~다'로 끝나는 말
목적어 : '~을/를'로 끝나는 말
보어 : '~(상태)인'으로 끝나는 말

명사 : 이름
동사 : ~다
형용사 : 'ㄴ'받침 (명사 수식 / 예 : 예쁜 소녀)
부사 : ~하게 (동사 수식 / 예 : 빠르게 달린다.)

2. 영어마을에 사는 품사들을 소개합니다!

A. 명사

영어마을에서 가장 부자인 아이! 일단 집이 많다. 주어집, 목적어집, 보어집 모두 명사 소유이다. 명사는 욕심도 많다. 전치사라는 친구를 만나서 수식어 집도 샀다. 부동산 부자인 명사는 이세상 모든 사람과 사물의 이름이다.

명사 규칙 1

명사 앞에는 관사, 형용사가 올 수 있다.

동화책에 여우 한 마리가 등장한다. 'a fox'이다. 그 동화책 두 번째 문장부터 그 여우는 'the fox'이다. 이것이 관사를 알아야 하는 이유이다. 명사에 'the'가 붙는 순간부터 그 명사는 누구나 아는 명사가 된다.

'우리 집에 (네가 모르는) 개가 있어'→ 개는 'a dog'
'근데 그 개가 자꾸 사고를 쳐' → 개는 'the dog'

그리고 개를 꾸며줄 수 있는 형용사가 줄줄이 붙을 수

있다.

'the cute small white dog' → '그 귀엽고 작은 하얀 개'

관사와 형용사는 명사가 없다면 아무 의미도 없는 문법이니 반드시 함께 공부해야 한다.

명사 규칙 2

명사는 주어, 목적어, 보어 집에 산다.

○ 주어 □ 목적어 ◇ 보어

주어 : '은/는/이/가'로 끝나는 말 Happy is pretty.

목적어 : '~을/를'로 끝나는 말 He loves Happy.

보어 : '~(상태)인'으로 끝나는 말 My name is Happy.

Happy는 주어, 목적어, 보어 자리에 산다!

명사 규칙 1   명사 앞에는 관사, 형용사가 올 수 있다.

명사 규칙 2   명사는 주어, 목적어, 보어 집에 산다.

B. 동사

영어마을의 대장!
동사가 없으면 영어문장도 없다!
동사는 집이 딱 한채지만, 똑똑한 동사집을 가지고 있다.
절대 집값이 떨어지지도 않고, 누구에게 넘길 일도 없다.
게다가 동사가 사는 집은 영어마을에서 위치가 가장 좋다.
동사대장은 동사 집에서 다른 아이들의 위치를 정해준다.

● 동사는 문장 안에서 모든 것을 결정한다!

그는 영어를 열심히 공부한다.
He English hard study. (X)

이렇게 얘기하면 원어민들은 절대 알아 듣지 못한다.
영어 문장을 만들 때는 일단 동사가 중심에 서서 교통정리를 해줘야 한다.

　　study
He studies
He studies English
He studies English hard.

동사는 기준! 동사 앞, 뒤로 나머지 품사들이 자기 집을 찾아간다. 그 자리가 주어, 동사, 목적어, 보어, 수식어 어순이다.

● 동사집에 사이 안 좋기로 소문난 형제들 be동사와 일반동사

영어마을의 대표 동사집에는 고민거리가 하나 있다. 마주치기만 하면 으르렁거리는 첫째 be동사와 둘째 일반동사 때문이다. 결국 동사는 두 아들에게 방을 각각 만들어주기로 한다. 절대로 같은 공간에 있지 못할 만큼 이 둘은 사이가 나쁘다.

그러니 I am not go to school. 같은 문장은 존재할 수 없다.

첫째 be동사는 힘이 세고 고집도 세다. 자기 하고 싶은 대로 다 해야 직성이 풀리는 강력한 동사이다. 그래서 am, are, is 세 종류밖에 없는 be동사가 당당히 크고 넓은 방을 차지한다. 의문문이 되고 싶으면 문장 앞으로 튀어 나가고, 부정문을 만들고 싶으면 not을 그냥 붙인다. 아무도 be동사를 말릴 수 없을 정도로 be동사는

최고로 강력한 동사이다.

둘째 일반동사는 작고 힘이 없다. 성격도 소심해서 위치를 바꾸거나, not을 바로 붙이지도 못한다. 좁은 방에서 수많은 일반 동사가 힘들게 산다. 결국 일반동사는 좁은 방에서 탈출하기 위해 땅굴을 판다. 땅굴을 파다 두더지라는 친구를 만나는 일반동사! 결국 두더지와 절친이 되어 탈출을 포기하고 두더지의 도움을 받는다. 이때부터 일반동사는 do/does/did가 있어야 의문문과 부정문을 만들 수 있게 되었다.

● 동사는 be동사와 일반동사를 구별해서 써야한다. 단! 한 개만 선택해라!

He does his homework. (그는 그의 숙제를 합니다.)
이 문장의 부정문을 만들어 보라고 하면 많은 아이들이 'He doesn't his homework.'라고 대답한다.

정답! He doesn't **do** his homework.

〈 일반동사는 두더지의 도움을 받는다! 〉 꼭 기억하자!

동사가 제대로 정리되지 않은 중학생들의 영작을 보면 동사를 잘못 썼거나 아예 안 쓴 경우도 많다. 진행형도 배웠고, 현재완료까지 배웠는데 제대로 정리되지 않았다면 다음과 같은 문장이 나오게 된다.

나는 열심히 일합니다.
A : I am work hard.
B : I working hard.

A문장은 be동사와 일반동사가 한 문장 안에 함께 있어서 틀렸고, B문장은 아예 동사가 없기 때문에 틀린 문장이다.

정답! I work hard.

동사 규칙 1

한 문장에 동사는 하나다!

동사 규칙 2

be동사와 일반동사는 절대로 한 문장 안에 함께 살지 않는다!

동사 규칙 3

동사에 to나 ~ing가 붙어 있다면 동사가 아니다!

동사 규칙 4

영어의 시제는 과거와 현재로 나눈다!

동사 규칙 5

현재진행, 과거진행의 동사는 be동사이다!

I am running. 의 동사는 'am running'이 아니라 'am'이다.
I was running. 의 동사는 'was running'이 아니라 'was'
이다.

동사 규칙 6

현재완료는 과거 + 현재이다!

'어제부터 오늘까지 2일간 공부했다.'라는 말을 하고 싶
을 때 현재를 쓸까? 과거를 쓸까?

나는 2일 동안 열심히 공부했다.
I have studied hard for 2 days.
이렇게 과거부터 현재까지 시간의 공간이 생겼을 때
have pp(현재완료)를 쓴다. 계속 이어진 행동이기 때문에
'계속' 용법이라고 하고 for(~동안에), since(~이후로 쪽)와 함

께 쓰인다.

외우기! 계속 for, since

나는 뉴욕에 가 본 적이 있다.

I have been to NY.

'~를 해본 적이 있다'는 경험을 이야기할 때도 현재와 과거로 시점을 찍을 수가 없다. '경험' 용법은 ever(~한 적 있다), never(~한 적 없다), before(전에)와 함께 쓰인다. 한 번, 두 번, 세 번, 여러 번 해본 적 있는 경험도 모두 have pp(현재완료)를 쓴다.

외우기! 경험 ever, never, once, many times, before

나는 지금 막 공부하는 것을 끝냈다.

I have just finished studying.

예전에 시작한 일이 지금 막 '완료'된 경우이다. just(지금 막), already(이미), yet(아직)과 함께 쓰이는 경우가 많다.

외우기! 완료 just, already, yet

그는 뉴욕으로 가버렸다.

He has gone to NY.

그는 가방을 잃어버렸다.

He has lost his bag.

여기에서 그는 뉴욕으로 가버렸고, 지금 여기에 없다. 가방도 예전에 잃어버렸고, 지금 가지고 있지 않다. 이처럼 과거의 일이 현재에 영향을 미치는 '결과'의 경우도 have pp(현재완료)를 쓴다.

외우기! 결과 has gone, has lost

동사 규칙 7

조동사는 동사다!

나는 갈 거야.
I will go.

이 말을 할 때 나는 지금 가려는 의지를 나타낸 것이다. 조동사는 뒤에 동사원형이 오는 것도 중요하지만 그 자체가 동사라는 것을 이해해야 한다. 그래서 부정문, 의문문을 만들 때 조동사가 움직인다.

나는 안 갈 거야.
I won't go. * won't → will + not의 줄임말
나 갈까?
Will I go?

조동사 자체가 동사라는 것을 이해하면 had better(~하는 게 낫겠다)의 부정문에서 not 위치를 외우지 않아도 된다.

그는 그녀에게 전화하는 게 낫겠다.
He had better call her.
그는 그녀에게 전화하지 않는 게 낫겠다.
He had better not call her.

나는 담배를 안 피우는 게 좋을 것 같다.
I would rather not smoke.
나는 그것을 믿지 않았었다.
I used not to believe it.

동사 규칙 1   한 문장에 동사는 하나다!
동사 규칙 2   be동사와 일반동사는 절대로 한 문장 안에 함께
              살지 않는다!
동사 규칙 3   동사에 to나 ~ing가 붙어 있다면 동사가 아니다!
동사 규칙 4   영어의 시제는 과거와 현재로 나눈다!
동사 규칙 5   현재진행, 과거진행의 동사는 be동사이다!
동사 규칙 6   현재완료는 과거 + 현재이다!
동사 규칙 7   조동사는 동사다!

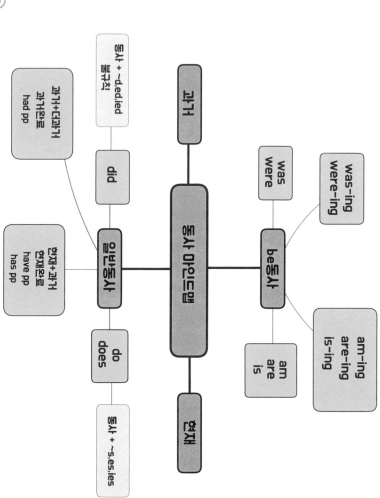

동사 마인드맵

일반동사

과거
did
동사 + ~d,ed,ied
불규칙

과거+대과거
과거완료
had pp

현재+과거
현재완료
have pp
has pp

do
does
동사 + ~s,es,ies

현재

be동사

was
were
was-ing
were-ing

am
are
is
am-ing
are-ing
is-ing

C. 형용사

영어마을의 가장 사랑스럽고 예쁜 아이!
일편단심 명사만 사랑한다.
명사가 가는 곳은 어디든 갈 수 있는 아이!
단! 혼자 살 수 있는 집은 보어집 뿐이다.
그래도 괜찮다.
명사와 함께라면 어디든 갈 수 있으니까!

형용사 규칙 1

형용사는 명사만 꾸민다!

형용사가 명사를 꾸미는 방법은 명사 수식과 명사 설명
두 가지다.

The cute dog is Happy. ('귀여운' 강아지는 Happy이다.) ―수식

The dog is happy. (그 개는 '행복한' 상태이다.) ―설명

She made me happy. (그녀는 나를 '행복한' 상태로 만든다.) ―설명

형용사가 명사를 설명할 때는 항상 보어 자리에 산다.

(형용사 규칙 3)

형용사 규칙 2

비교급과 최상급은 4문장만 외우자!

● 짧은 형용사와 긴 형용사 나누기

나는 너보다 크다.
I am taller than you.
나는 너보다 아름답다.
I am more beautiful than you.
→ 'beautiful'에 비교를 나타내는 'er'까지 붙이면 단어
가 너무 길어진다.

모든 문법은 예외를 외우기보다 기본패턴을 아는 것
이 먼저이다. 최대한 쉬운 문장을 암기하고 원리를 먼
저 이해해야 한다.

● 비교급은 2개를 비교하고, 3개 이상은 최상급을 쓴다!

'2명 중에 최고다'는 이상하지만 3명 이상이라면 최고
를 가릴 수 있다. 그래서 최상급은 '가족 중에', '우리 반
에서', '세계에서' 최고! 라는 표현을 만드는 것이다.

나는 우리 반에서 제일 큰 소녀다.

I am the tallest girl in my class.

나는 우리 학교에서 제일 예쁜 소녀다.

I am the most beautiful girl in my school.

> 형용사 규칙 3

형용사는 보어 집에 산다.

◇ 보어

보어 : '~(상태)인'으로 끝나는 말

Happy is happy. → Happy는 행복하다.

He made Happy happy. → 그는 Happy를 행복하게 만들었다.

형용사 규칙 1 형용사는 명사만 꾸민다!

형용사 규칙 2 비교급과 최상급은 4문장만 외우자!

　　　　　　 I am taller than you.

　　　　　　 I am the tallest girl in my class.

　　　　　　 I am more beautiful than you.

　　　　　　 I am the most beautiful girl in my school.

형용사 규칙 3 형용사는 보어 집에 산다.

D. 부사

영어마을의 참견꾼!
모든 아이들과 친하지만, 형용사의 질투때문에 명사와는 말 한마디 못한다.
부사가 혼자서 살 수 있는 집은 텐트로 만들어진 부사집 뿐이다.
그래도 괜찮다.
성격 좋은 부사는 여기 저기 옮겨다니며 자유롭게 살 수 있으니까!

부사 규칙 1

부사는 명사를 못 꾸민다!

부사는 '~하게 OO하다'로 보통 형용사나 동사를 꾸민다. 그리고 그것보다 더 중요한 것은 '명사는 꾸며주지 못한다'는 것이다. 즉, 형용사가 사는 보어집에 부사는 혼자 못 들어간다!

He is a well student. (X) → 잘 학생 (X)
He is a good student. (O) → 좋은 학생 (O)

부사 규칙 2

부사는 보어자리에 혼자서는 못 들어간다!!!

It sounds well. (X)

It sounds good. (O)

'그거 좋게 들린다.' 한국말로 해석하면 'well'이 맞는 것 같다. 그러나 영어는 형용사'good'이 보어 자리에서 명사 'It'을 설명해 주는 것이 맞다.

He made me happily. (X)

He made me happy. (O)

한국말로 해석하면 '그는 나를 행복하게 만든다'이다. 'happy'가 '행복하게'로 부사처럼 해석되지만 'happily'로 쓰면 안 된다.

Tip! 형용사와 부사의 모양이 같은 단어들이 있다.

fast / late / hard / high
형용사와 부사를 배울 때 이렇게 모양이 같은 단어를 외우기만
하는 아이들이 있다. 꼭 간단한 문장을 만들어 보고 이 단어가 명
사를 꾸미면 '형용사', 동사를 꾸미면 '부사'라는 것을 확인해봐야
내 것이 된다.

He is a fast runner. 그는 빠른 주자이다. (형용사)
He runs fast. 그는 빨리 달린다. (부사)

He had a late lunch. 그는 늦은 점심을 먹었다. (형용사)
He gets up late. 그는 늦게 일어난다. (부사)

It is hard bread. 그것은 딱딱한 빵이다. (형용사)
She works hard. 그녀는 열심히 일한다. (부사)

The mountain is high. 그 산은 높다. (형용사)
He jumps high. 그는 높이 뛴다. (부사)

** lately (최근에) / hardly (거의 ~하지 않다) / highly (매우)는 따로 외
워두기!

Tip! 명사 + ly = 형용사 / 형용사 + ly = 부사

보통 부사는 ~ly로 생겼다. 그러나 명사에 ~ly가 붙으면 형용사
이다.
lovely (사랑스러운), daily (매일의), friendly (친근한)

부사 규칙 1   부사는 명사를 못 꾸민다!
부사 규칙 2   부사는 보어자리에 혼자서는 못 들어간다!!!

동사	명사	형용사	부사
△	○□◇	◇	집이 없다! (수식어집은 텐트!)
1. 한 문장에 동사는 하나다! 2. be동사와 일반동사는 절대로 한 문장 안에 함께 살지 않는다! 3. 동사에 to나 ~ing가 붙어 있다면 동사가 아니다! 4. 영어의 시제는 과거와 현재로 나눈다! 5. 현재진행, 과거진행의 동사는 be동사이다! 6. 현재완료는 과거 + 현재이다! 7. 조동사는 동사다!	1. 명사 앞에는 관사, 형용사가 올 수 있다. 2. 명사는 주어, 목적어, 보어 집에 산다.	1. 형용사는 명사만 꾸민다! 2. 비교급과 최상급은 4문장만 외우자! 3. 형용사는 보어 집에 산다.	1. 부사는 명사를 못 꾸민다! 2. 부사는 보어 자리에 혼자서는 못 들어간다!!!

3. 집을 짓는데도 순서가 있다. -어순

이제 영어마을 주인공들이 모여 집을 짓는다. 일단 동사는 이 마을의 대표로서 크고 근사한 집을 지었다. 사이가 좋지 않은 be동사와 일반동사 형제를 위해 방도 각

각 나누어 주고, 마을 제일 좋은 위치에 자리를 잡는다.

　동사가 자리를 잡으면 이 마을 부자인 명사가 부지런히 움직인다. 식구도 많고, 돈도 많은 명사는 동사집 앞뒤로 열심히 집을 짓는다. 물론 명사가 만드는 집은 모두 명사 집이다. 주어집, 목적어집, 보어집까지 모두 지은 후에, 전치사라는 친구를 만나 수식어집까지 짓는다. 결국 명사가 못 들어가는 집은 동사집 뿐이다. 아무리 돈이 많은 명사도 동사집만큼은 살 수 없다.

5개의 마인드맵으로
영문법 끝내기!

· 어렵기만 했던 문법, 이제 마인드맵 그리며 쉽게 정리하자!

여기서 소개하는 문법의 핵심 마인드맵은 딱 5개이다! 영어 문장의 형식도 5개이고, 꼭 필요한 문법의 핵심 마인드맵도 5개로 정리했다. 이 5개만 잘 정리한다면 갑자기 영어 문장이 눈에 들어오는 놀라운 경험을 하게 될 것이다. 아무리 복잡한 영어 문장도 매직아이처럼 5개의 덩어리로 나뉘고, 문장의 구조가 보일 것이다. 복잡한 문법을 5개로만 정리하면 전체 그림이 보인다니 해볼 만

하지 않은가? 이제까지 영어가 안개처럼 뿌옇게 보였다면 속는 셈 치고 이 5개 핵심 마인드맵을 활용해 보자. 그리고 반드시 직접 나만의 마인드맵을 그려보길 바란다. 영포자였던 내가 다시 영어를 시작할 수 있었던 것도 바로 이 5개의 문법 마인드맵이었다.

5개의 문법 마인드맵

1. 5형식 마인드맵
2. 품사 마인드맵
3. 삼총사 마인드맵
4. 자리 마인드맵
5. 부사절 마인드맵

---

1. 5형식 마인드맵

간목, 직목, 주격 보어, 목적격 보어 이런 용어들을 외우느라 고생했던 기억이 있는가? 그다음엔 불완전 자동사, 타동사 이런 용어들이 나왔고, 외워야 할 동사 리스트가 쏟아져 나왔다.

내가 중학교 때 영어를 포기하게 된 시기가 이때쯤이었던 것 같다. 고작 15살의 나이에 난 이런 쓸데없는 용어들을 외우다 정작 영어 문장 하나를 만들지 못하고 영어를 포기했다. 문장의 5형식을 왜 배워야 하는지를 못 배운 것이다. 혹시 지금도 1990년대의 나처럼 영어를 공부하고 있지는 않은지 물어보고 싶다.

학원을 시작하며 다시 시작한 영어 공부는 내가 15년째 몸담고 있는 프랜차이즈 초등 문법 교재였다. 영어 문장의 자리를 5개의 도형으로 정리해 체크리스트로 공부하는 교재로, 나에게 영어 문장을 볼 수 있게 해준 고마운 책이다. 주어는 동그라미, 동사는 세모, 목적어는 네모, 보어는 마름모, 수식어는 밑줄로만 정리해도 영어 문장의 어순이 한눈에 보였다. 이 도형으로 나는 영어를 다시 시작할 수 있었고, 영어의 기초를 탄탄하게 다질 수 있었다. 문장의 형식을 다른 도형으로 설명하는 교재도 있지만, 여기에서는 내가 공부한 방법으로 소개하려고 한다.

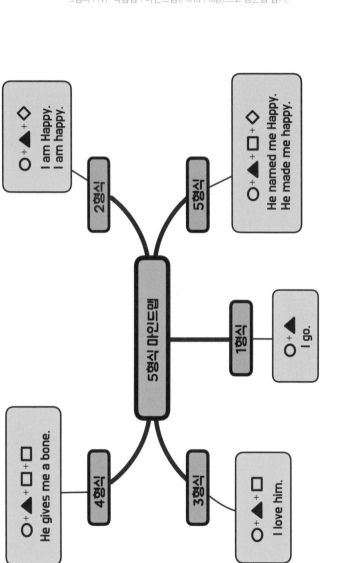

2. 품사 마인드맵 (명사 / 동사 / 형용사 / 부사)

  문법을 배웠지만 각 품사에 대해 정확하게 설명하지 못하는 중학생들이 있다. 특히 그냥 문제 풀이만 하고 스스로 품사 4개에 대한 정리를 한 번도 한 적이 없는 경우에 그렇다. 그리고 품사와 자리를 구분하지 못하기도 한다.

I always drink hot water.
나는 항상 뜨거운 물을 마십니다.

"water 품사가 뭐야?"
"목적어요."
(땡! 정답은 명사!)
"hot water가 지금 어느 자리에 있어?"
"명사요."
(땡! 정답은 목적어!)

  5형식을 따로 배우고, 품사를 따로 배우면 이런 부작용이 생긴다. 여기에서 품사와 자리를 정리해보자.

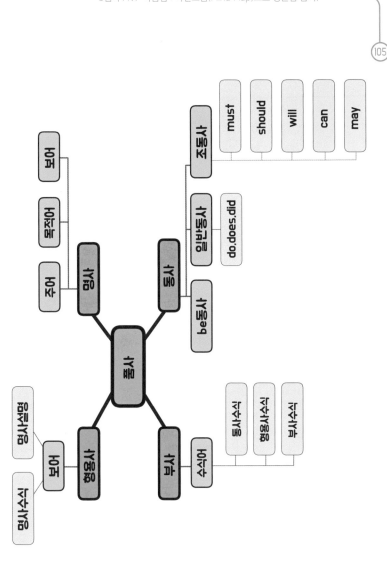

3. 삼총사 마인드맵

'to부정사, 동명사, 분사' 이름만 들어도 머리가 아프기 시작하는 학생이 있을 것이다. (나만 그랬나?) 나는 'to부정사'의 명사적 용법, 형용사적 용법, 부사적 용법부터 조용히 문법책을 덮었던 기억이 난다.

'도대체 저게 무슨 말이야?'

자, 삼총사 마인드맵을 그리기 전에 한 가지를 먼저 기억해야 한다.

- 삼총사는 동사가 아니다!!!

Obedience training involves teaching a dog to perform certain behavior at a given signal from the handler.

복종훈련은 조련사가 주는 신호에 따라 개가 특정한 행동을 하도록 가르치는 것을 포함한다.

<EBS 리딩파워 완성>

이 문장에서 동사를 찾아보자! 이 문장의 동사는 하나다!

Obedience training involves teaching a dog to perform certain behaviors at a given signal from the handler.

혹시, 오렌지 글씨의 영어를 모두 '~다'로 해석하고 있다면 삼총사를 제대로 모르는 것이다. 모두 동사에 to가 붙거나, ing가 붙거나, ed가 붙어 있다. 일반 동사의 과거형을 제외하고 동사원형에 무언가가 붙어 있다면 더 이상 동사가 아니다!

진짜 동사 1개는 무엇일까요?

정답! involves

처음에 사람들은 언어를 사용할 때 간단한 정보전달만 했을 것이다.
나는 고기를 원한다.
나는 친구를 원한다.

점점 전달하고 싶은 정도가 많아지면서 새로운 말을 만들기보다는 우리가 동사라고 알고 있던 것을 활용했을 것이다.

나는 고기를 **먹기를** 원한다.
나는 친구를 **만나기를** 원한다.
이것이 동사변형의 삼총사가 등장하게 된 과정이 아닐까? 아래 3가지만 기억하자!

to부정사는 명사, 형용사, 부사
동명사는 명사다!
분사는 형용사다!

A. to부정사는 명사, 형용사, 부사의 특징을 모두 가지고 있다.
명사 : 주어, 목적어, 보어 자리에 들어가서 산다.

To study is hard.
I want to study hard.
My hope is to study hard.

형용사 : 명사를 꾸미고, 보어자리에 들어가서 산다.

I want something to drink. (문법으로 보면 영어 문장에 꼭 필요하진 않다.)
He seems to drink water.

부사 : 동사, 형용사, 다른 부사를 꾸민다. (문법으로 보면 영어 문장에 꼭 필요하진 않다.)

She goes to school to study hard.

I am happy to see you.

I want something cold enough to drink.

문제는 to, ing, ed를 붙여도 원래 동사였던 아이는 동사라는 자존심을 버리진 않았다는 것이다. 다른 영어마을에서 가장 중요한 위치를 차지했던 동사가 순순히 명사, 형용사, 부사로만 살고 싶지는 않을 것이다. 그래서 to부정사, 동명사, 분사는 자꾸 뒤에 뭔가를 달고 온다. 동사로 살았던 시절에 따라다니던 목적어, 보어, 수식어를 한 식구처럼 데리고 다니는 것이다. 그래서 문장이 길어지고 복잡해진다.

I go to school to study English hard.

여기에서 to study는 이 문장에 들어가고 싶었지만 강력한 진짜 동사 go 때문에 동사가 아닌 척 해야 했다. 그래서 to를 붙이고 '부사'인 척 저 문장에 들어간 것이다.

원래는 'I study English hard.'라는 문장에서 당당한 동

사였고, 데리고 있는 식구도 있었다. 그래서 to study는 동사로서의 자존심을 버리지 못하고, 식구들도 데리고 다닌다. 'to study English hard'는 한 덩어리의 to부정사 식구로 봐야 한다.

B. 동명사는 명사다!
Swimming is fun.
I enjoy swimming.
My hobby is swimming.

동명사는 이름에서도 알 수 있듯이 동사가 명사로 변신한 아이다. 즉, 동명사는 명사이다.

C. 분사는 형용사다!
분사는 형용사이다. 즉, ing나 ed 꼬리를 달고 명사를 꾸며준다. 여기에서도 보어자리에 반드시 필요한 형용사가 있고, 그냥 꾸미기만 해주는, 없어도 되는 형용사도 있다.

1. 동사에 ing를 붙이거나 ed를 붙인 경우 (breaking / broken)

2. 감정을 나타내는 경우 (boring / bored)

*bore (동사) 지루하게 만들다

- ing분사

  1. The singing girl is Mary.

  2. The girl singing on the stage is Mary.

  3. The girl is singing. (현재진행)

  4. The movie is boring. (감정형용사)

- ed분사

  1. The broken window is dangerous.

  2. The window broken by Tom is dangerous.

  3. The window is broken by Tom. (수동태)

  4. I am bored. (감정 형용사)

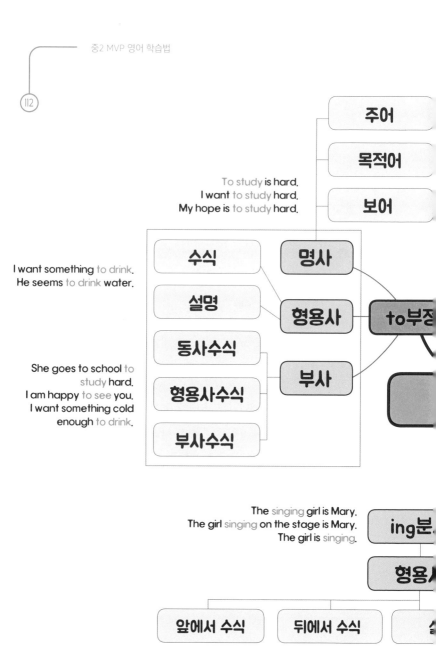

주어

목적어

To study is hard.
I want to study hard.
My hope is to study hard.

보어

수식

I want something to drink.
He seems to drink water.

설명

명사

동사수식

형용사

to부정

She goes to school to
study hard.
I am happy to see you.
I want something cold
enough to drink.

형용사수식

부사

부사수식

The singing girl is Mary.
The girl singing on the stage is Mary.
The girl is singing.

ing분

형용사

앞에서 수식

뒤에서 수식

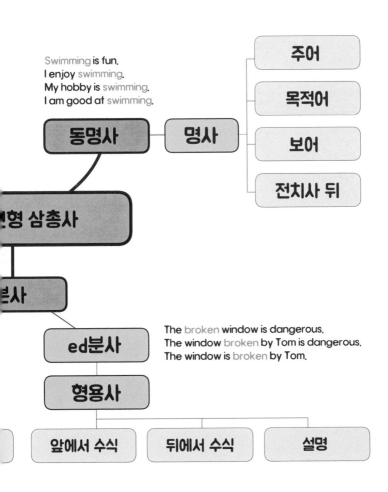

Swimming **is fun.**
I enjoy swimming.
My hobby is swimming.
I am good at swimming.

동명사 — 명사 — 주어 / 목적어 / 보어 / 전치사 뒤

형 삼총사

분사 — ed분사

The broken **window is dangerous.**
The window broken **by Tom is dangerous.**
The window is broken **by Tom.**

형용사 — 앞에서 수식 / 뒤에서 수식 / 설명

Tip! ing는 명사로도 쓰이고 형용사로도 쓰인다!
(동명사와 분사 구별하기!)

동명사	분사
Swimming is fun. I enjoy swimming. My hobby is swimming. I am good at swimming. (전치사의 목적어)	The singing girl is Mary. The girl singing on the stage is Mary. The girl is singing. (현재진행) The movie is boring. (감정형용사)
*sleeping bag (자기 위한 가방→ 침낭)	*sleeping baby (자는 아기)

4. 자리 마인드맵 – 전체 문법 해체하고 다시 조립하기!

이번 달은 수동태를 배우고, 다음 달에는 동명사를 배우는 식으로 문법 공부를 하면 문법 문제집을 몇 권을 풀어도 전체 그림이 그려지지 않는다. 중학교 내신시험에서 문법 문제를 맞힐 수도 있지만 고등 독해에 적용할 수 있는 문법의 큰 틀은 잘 잡히지 않는다. 앞에서 살펴본 것처럼, 영어 문장은 5개의 큰 집으로 이루어져 있다. 배운 문법을 5개의 자리에 차곡차곡 정리해 보는 시간을 가져보자.

A. 주어 자리

명사　　　　　Water is hot.

to부정사　　　To drink hot water is good.

동명사　　　　Drinking hot water is good.

명사절　　　　That drinking hot water is good is true.

명사절 복합관계대명사 Whatever you cook is good.

의문사절　　　How he drinks hot water is funny.

B. 동사 자리

be동사　　　　He is a student. He is happy.

일반동사　　　He does his homework.

조동사　　　　He can do his homework.

현재완료　　　He has studied English for 3 hours.

C. 목적어 자리

명사　　　　　She loves sports.

to부정사　　　She wants to swim.

동명사　　　　She enjoys swimming.

명사절　　　　She thinks that swimming is good for her health.

명사절 복합관계사 Do whatever you want to do.

의문사절　　　She wonders how he swims well.

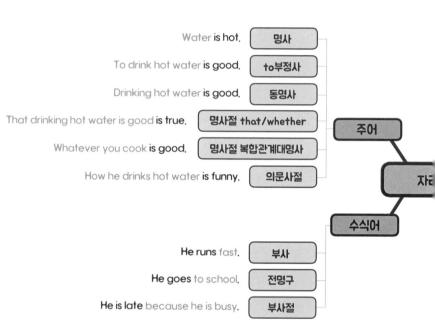

Water is hot. 명사

To drink hot water is good. to부정사

Drinking hot water is good. 동명사

That drinking hot water is good is true. 명사절 that/whether

Whatever you cook is good. 명사절 복합관계대명사

How he drinks hot water is funny. 의문사절

주어

자리

수식어

He runs fast. 부사

He goes to school. 전명구

He is late because he is busy. 부사절

동사	be동사	He is a student. He is happy.
	일반동사	He does his homework.
	조동사	He can do his homework.

목적어	명사	She loves sports.
	to부정사	She wants to swim.
	동명사	She enjoys swimming.
	명사절 that/whether	She thinks that swimming is good for her health.
	명사절 복합관계대명사	Do whatever you want to do.
	의문사절	She wonders how he swims well.

보어	명사	She is a teacher.
	형용사	She is happy.
	to부정사	Her dream is to be a good teacher.
	동명사	Her job is teaching English.
	분사	The window is broken by a student.
	수동태	
	명사절 that/whether	His question is whether she breaks the window.
	명사절 복합관계대명사	My dinner is whatever you cook.
	의문사절	The moment is when you look happy.

D. 보어 자리

명사	She is a teacher.
형용사	She is happy.
to부정사	Her dream is to be a good teacher.
동명사	Her job is teaching English.
분사	The window is broken by a student.
명사절	His question is whether she breaks the window.
명사절 복합관계대명사	My dinner is whatever you cook.
의문사절	The moment is when you look happy.

E. 수식어 자리

부사	He runs fast.
전명구	He goes to school.
부사절	He is late because he is busy.

5. 부사절 마인드맵

마지막으로 부사절은 주절과 종속절의 관계로 수식어 자리에 들어가는 절이다.

** '부사절에 will을 쓰면 안 된다'는 중학교 시험에서 중요한 포인트 중 하나이다.

시간	when / after / before / as
이유	because / as
양보	though / although
결과	so – that
조건 / 가정	if / unless
복합관계대명사	whoever, whatever, whichever
복합관계부사	whenever / wherever / however

부사절 마인드맵

- **시간**
  - when
  - before/after
  - as
- **이유**
  - because
  - as
- **양보**
  - though / although
- **결과**
  - so~that
- **조건 / 가정**
  - if
  - unless
- **분사구문**
- **복합관계대명사**
  - whoever
  - whatever
  - whichever
- **복합관계부사**
  - whenever
  - wherever
  - however

● 부사절 마인드맵 예문

1. When the dog came in, I was studying English.

2. Before you go to school, you should do your homework.

3. As I came back home, my dog wagged its tail.

4. Because I was hungry, I cooked noodles.

5. As the food is delicious, the restaurant is popular.

6. Though it was raining, I went jogging.

7. The movie was so boring that I couldn't finish it.

8. If I were you, I would study hard.

9. Most dogs will not attack unless provoked.

10. Finishing lunch, we went out for a walk.

11. Whoever comes, I don't care.

12. Whatever it was, it's not important.

13. Whichever you choose, it must be delicious.

14. Whenever you are ready, let me know.

15. Wherever you go, I'll be with you.

16. However badly you behave, I will forgive you.

Tip 1. 수능 어법문제 포인트 5가지 < 수능 29번 어법문제 >

1. 동사 : 주어와 동사가 멀리 떨어져 있는 경우, 수 일치 확인!
2. to부정사 / ing / ed : 진짜 동사인지 아닌지 확인하기!
3. 관계대명사 / 관계부사 : 관계대명사와 관계부사는 뒷문장이 완전한 문장인지 확인! 관계대명사 that / what은 선행사 유무 확인!
4. 형용사 / 부사 : 보어 자리에는 부사가 올 수 없다!
5. 대명사 : it인지 them인지 확인!
6. 태 : 수동 / 능동

Tip 2. That은 영어 공부에서 꼭 알아야 할 보물!

● that <네이버 사전>

1. 한정사 '저' Look at that man over there.
2. 대명사 '저것' '저 사람' Who's that?
3. 접속사 a. She said that the story was true.
   b. (so-that) She was so tired that she couldn't think straight.
4. 부사 '그렇게' I can't walk that far.

that은 사전만 찾아보아도 이렇게 뜻이 많다. 그리고 영어 독해를 하다 보면 수많은 that을 만난다. that만 제대로 이해해도 독해가 훨씬 쉬워지는 마법을 경험하게 될 것이다.

1. 명사 : 초등학교 때 '이것은 연필입니다. 저것은 지우개입니다.'

부터 배울 것이다. 여기서 배운 that이 명사이다.

2. 형용사 : '저 연필'은 'that pencil'이다. 여기서 that은 명사 pencil을 꾸미는 형용사이다.

3. 부사 : '그렇게'라고 해석되며 형용사나 부사를 꾸민다.

4. 명사절 : (that 주어 + 동사) 덩어리로 주어, 목적어, 보어자리에 들어간다.

5. 부사절 : so-that이라고 배우는 원인과 결과의 부사절에 쓰인다.

6. 관계대명사 : 관계대명사가 이끄는 절은 문장에서 형용사 역할을 한다. 두 문장을 연결해주며, 반복되는 말 대신에 쓴다. The girl that runs over there is my sister.

7. 동격 : 고등 독해부터 등장하는 동격 that은 chance, fact, idea 등과 함께 쓰이며, 관계대명사와 달리 that 이후의 문장이 문법적으로 완벽하다.

실전연습 !!! 마인드맵 그리기 실전 Tip

A. 5형식 마인드맵

① 자리와 품사의 관계를 정리합니다.

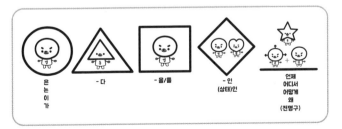

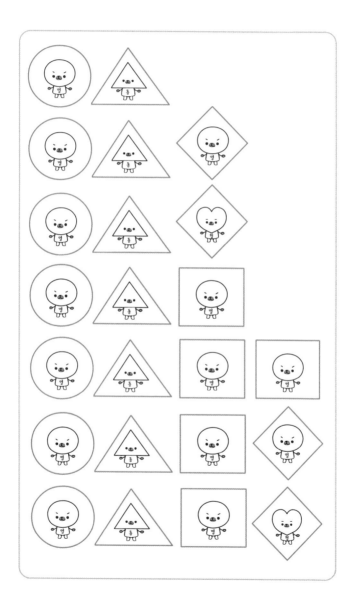

② 1형식부터 5형식까지 집을 짓고 품사를 넣어줍니다.
③ 마인드맵 제목을 '5형식'이라고 넣고 1형식에서 5형식까지 연결합니다.

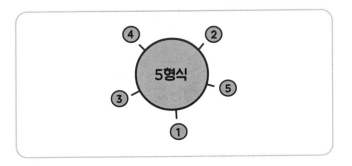

④ 영어 문장의 자리(주어, 동사, 목적어, 보어)의 집을 먼저 지어줍니다.

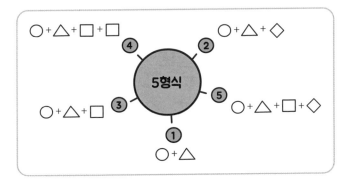

⑤ 예문을 넣고, 중요한 문법을 표시해 줍니다.

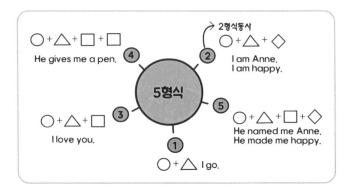

B. 품사 마인드맵
① 품사별 특징 정리

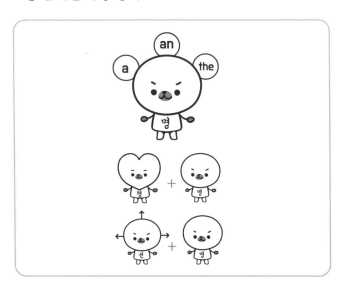

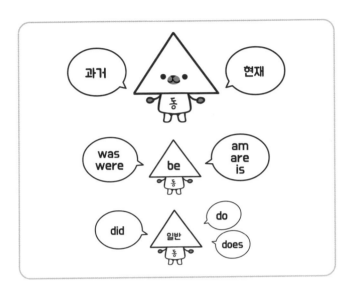

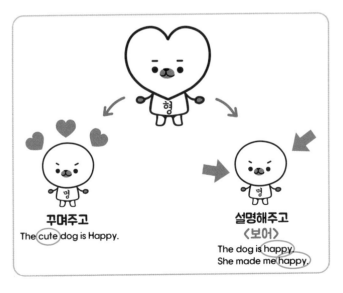

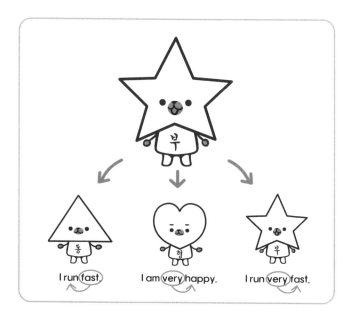

② 품사에게 집 찾아주기!

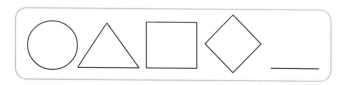

집 짓고

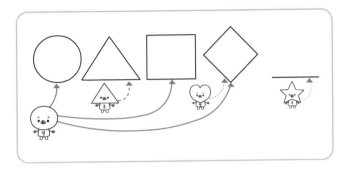

집 찾아주고

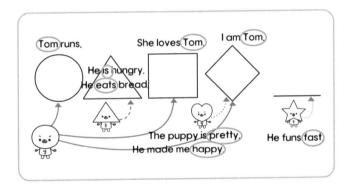

예문 적으면 품사 마인드맵 끝!

C. 삼총사 마인드맵

① 한 문장에 동사는 1개이다!

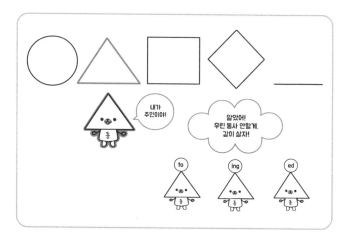

② 삼총사는 동사가 아니다!

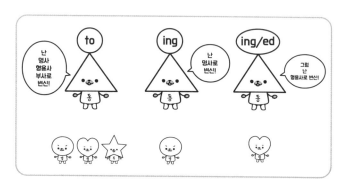

문 쓰면 삼총사 마인드맵 완성!

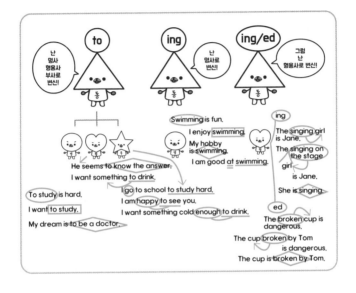

리얼 성적 향상 프로젝트
– 영문법 문제집 정복 (1달 플랜)

여기에서 나의 영어 공부 이야기를 해보려고 한다. 전
작 <어쩌다 13년째 영어학원을 하고 있습니다>에서 언
급했듯이 나는 영어를 모르는 상태에서 영어학원을 시
작했었다. 특히 영어 문법에서는 품사 구별도, 자리 구별
도 못 하던 영알못이었다. 이때 내가 영어 문법에 눈을
뜰 수 있게 도와준 책은 내가 하고 있는 영어학원 프랜
차이즈의 문법 교재였다. <자리매김>이라는 이름을 가
지고 있었던 그 문법 교재는 이름도 특이했고, 책의 구
성은 더 특이했다. 빽빽한 문법 설명 대신 모든 페이지
가 체크리스트로만 되어 있었고 모두 빈칸이었다. 나는

학원 오픈을 준비하며, 4권의 교사교육용 책을 손가락에 굳은살이 생기도록 풀고 또 풀었다. 일단 단어가 쉬웠고, 그냥 체크리스트를 채우기만 하면 영어 문장이 보이던 마법 같은 책이었다. 그리고 난 그 책에서 배운 영어 문법으로 15년째 영어 공부를 하고 있다. 덕분에 영어 문법은 외우기만 하는 쓸데없는 공부가 아니라 정말로 영어 문장을 볼 수 있게 해주는 공부법이라는 것을 알았다.

그런데, 막상 중학생들 내신 대비를 하려니 시중의 문법 문제집과 연결을 잘 못하는 학생들이 있었다. 그때 나는 다시 시중의 문법 문제집을 학생들처럼 풀면서 문법 공부를 했다. 시중의 문제집을 풀며 내가 배운 체크리스트를 문법 문제집과 연결하는 방법을 고민했다. 고민의 결과, 학생들에게 문법 문제집을 풀 때마다 마인드맵을 그리게 했다. 신기하게 내가 틀리는 문제는 학생들도 같은 이유로 틀렸다. 영어를 잘하는 사람에게는 당연한 문제지만 나는 틀리는 학생의 머릿속이 보였다. 문법 문제집의 제목만 봐도 머릿속에 큰 그림이 그려져야 한다. 그리고 나서 문제를 풀어야 정리가 된다. 분명히 내신에는 암기해야 하는 문법도 있고, 문제 풀이 요령도 필요하다. 그래도 체계적인 개념정리가 먼저다. 설계도가 있어야 집을 지을 수 있듯이, 영어문법 공부도 마인드맵으로 설계도를 먼저 그리고 시작해야 한다. 이 책에서 기본적인 영어 문장을 볼 수 있는 눈과 문법 문제집으로 공부하는 내신 영어, 두 마리 토끼를 다 잡았으면 좋겠다.

시중의 문법 문제집을 하나 구입해 보면 대체로 순서는 비슷한 편이다. 여기에서는 중학교 2학년을 기준으로 문법 문제집 공부법을 소개하려고 한다.

<예시> Grammar Inside 2 – NE능률 –

1	여러 가지 동사	1. 감각동사와 수여동사 2. 목적격 보어를 가지는 동사
2	시제	1. 현재, 과거, 미래, 진행시제 2. 현재완료
3	조동사	1. can, may, will 2. must, should 3. would like to, had better, used to
4	to부정사	1. 명사적 용법의 to부정사 2. 형용사적 용법의 to부정사 3. 부사적 용법의 to부정사 4. to부정사의 의미상의 주어, too~to, enough to
5	동명사	1. 동명사의 쓰임 2. 동명사와 to부정사
6	분사	1. 현재분사와 과거분사 2. 분사구문
7	대명사	1. 부정대명사 I 2. 부정대명사 II 3. 재귀대명사

8	비교	1. 원급, 비교급, 최상급 2. 비교 구문을 이용한 표현
9	접속사	1. 시간, 이유, 결과의 종속접속사 2. 조건, 양보의 종속접속사 / 명령문 + and, or~
10	관계사	1. 관계대명사 2. 관계대명사 that, what / 관계대명사의 생략 3. 관계부사
11	수동태	1. 능동태와 수동태 2. 수동태의 여러 가지 형태 3. 주의해야 할 수동태
12	가정법	1. 가정법 과거, 가정법 과거완료 2. I wish + 가정법, as if + 가정법
13	일치와 화법	1. 시제의 일치 2. 화법

1. 어디부터 공부할까요? 무조건 동사부터!

나는 문법 문제집을 사면 항상 첫 부분만 열심히 풀고 나머지는 새것으로 남아 있었다. 혹시 나와 같은 경험이 있다면 이번 기회에 영어 문법책 1권만 제대로 끝내는 계획을 세웠으면 한다. 여름방학이나 겨울방학에 1달만 투자하자! 1달에 1권만 제대로 끝내면 영어 문법의 전체적인 지도가 그려질 것이다. 영어 문법은 시험에 나오는 to부정사나 관계대명사 같은 것을 외울 때만 필요한 공부가 아니다. 문법은 영어 문장의 규칙이고, 영어 문장을 보는 눈이 생기려면 전체적인 영어문법은 꼭 한 번 정리해야 한다.

첫째 주 동사 잡기! Ch1, Ch2, Ch3
둘째 주 품사 잡기! Ch7, Ch8, (Ch10)
셋째 주 삼총사 잡기! Ch4, Ch5, Ch6, Ch11
넷째 주 절 잡기! Ch9, Ch10, Ch12, Ch13

2. 문제 풀지 말고 개념부터!

학원에서 문제집을 풀게 하면 무조건 문제부터 풀려
는 학생들이 있다. 분명히 원리 설명이 되어 있는데도
아예 쳐다보지도 않고 문제만 풀려고 한다. 문제 풀이는
내가 아는 것을 확인하는 과정이지, 원리를 배울 수 있
는 과정이 아니다. 반드시 문제를 풀기 전에 원리를 한
번 정리했으면 좋겠다.

A. 첫째 주 : 영어문법의 주인공! 동사 잡기!

1	여러 가지 동사	1. 감각동사, 수여동사 2. 목적격 보어	1형식 ○+△ |I go.
			2형식 ○+△+◇ 감각동사 : look, sound, smell, taste, feel	I am Anne. I feel hungry.
			3형식 ○+△+□ | I love you.
			4형식 ○+△+□+□ 수여동사 : give, show, teach, make, tell	He gave me a pen.
			5형식 ○+△+□+◇ 5형식 동사 : want, advise, ask, cause, encourage 사역동사 : have, make, let, (help) 지각동사 : see, watch, hear, feel	He named me Tom. He made me happy.
2	시제	1. 현재, 과거, 진행시제 2. 현재완료	be동사 : am, are, is (~상태입니다/ ~에 있습니다) 　　　　 was, were (~상태였습니다/ ~에 있었습니다) 일반동사 : do, does, did 현재진행 : am, are, is + ~ing (~상태입니다/~하고 있는) 과거진행 : was, were + ~ing (~상태였습니다/~하고 있는) 현재완료 : have pp (계속, 경험, 완료, 결과)	

3	조동사	1. can, may, will 2. must, should 3. would like to, had better, used to	can	~할 수 있다(가능)	~해도 된다(허락)
			may	~일지도 모른다 (추측)	~해도 된다(허락)
			will	~할 것이다	
			must	~해야만 한다 (의무)	~임에 틀림없다 (강한 추측)
			should	~해야만 한다	
			would like to	~하고 싶다	
			had better	~하는 게 좋겠다	
			used to	~하곤 했다	** be used to ~ 하기 위해 사용 되다 ** be used to ~ing ~에 익숙 해지다

B. 둘째 주 : 명사! 형용사! 부사! 품사 잡기!

| 7 | 대명사 | 1. 부정대명사 Ⅰ
2. 부정대명사 Ⅱ
3. 재귀대명사 | 명사는 a, an / the (관사)와 함께 쓰일 수 있다.
명사는 셀 수 있는 명사와 셀 수 없는 명사로 나뉜다.
대명사는 대신하는 명사가 반드시 있다.
(단수/복수 확인)
it / one 구별하기
one / another / the other
재귀대명사는 강조용법 확인! |
| 8 | 비교 | 1. 원급, 비교급, 최상급
2. 비교 구문표현 | 비교급은 형용사/ 부사
4문장만 외우자!
I am taller than you.
I am the tallest girl in my family.
I am more beautiful than you.
I am the most beautiful girl in my school. |

10	관계사	4. 관계대명사 5. 관계대명사 that, what / 관계대명사의 생략 6. 관계부사

a. 명사

Tip 1. 어떤 상황에서 'it'을 쓰고 어떤 상황에서 'one'을 쓰나요?

내 펜이 고장 났다.

'고쳐야겠다'에서는 'it'을 쓴다. 고장 난 그 펜을 고칠 거니까!
'펜 하나 사야겠다'에서는 'one'을 쓴다. 고장 난 펜이 아니고 새
펜 살 거니까!

Tip 2. one / another / the other

두 개면 one / the other
세 개면 one / another / the other
그럼 네 개부터는???

1개든 100개든 나머지를 빼고 하나가 남으면 무조건 the other
이다.
"이거 말고 딴 거 주세요." 할 때는 another(또 다른)를 쓴다.

그런데, 몇 개인지 모른다.
많은 사탕 중에 몇 개 빼고 나머지는 뭐라고 할까?
뺄셈 자체가 되지 않는다. 이럴 때 'the'가 빠진 others(다른 것들)
를 쓴다.

> ## Tip 3. 재귀용법과 강조용법
>
> 목적어 자리와 전치사 다음 자리라면 문장에 반드시 있어야 하는 재귀대명사이다.
>
> He lost himself.
>
> 목적어가 있는데 쓸데없이 재귀대명사가 하나 더 있으면 강조이다. 즉, 생략가능!
> He did it himself.

b. 형용사

형용사는 명사만 꾸민다. 정말 중요한 말이다.

'예쁜 소녀'는 되지만 '예쁜 달린다'는 말이 안 된다. 그런데 형용사가 어려운 이유는 보어자리에 사는 형용사 때문이다. 여기에서 보어자리에 쓰이는 형용사를 정리해 보자!

I am happy.	happy가 보어자리에서 I를 설명한다. 나는 행복하다.
He made me happy.	happy가 보어자리에서 me를 설명한다. 그는 나를 행복하게 만든다. (부사처럼 '~하게'라고 해석되는 것에 주의하세요! happy는 형용사!)
I am running.	running(분사)은 I를 설명한다. 나는 달리는 중입니다. (현재진행)*
The window is broken by Tom.	broken(분사)은 window를 설명한다. 창문이 탐에 의해 깨졌다. (수동태) **

She seems to know the answer.	to know(to부정사)가 She를 설명한다. *** 그녀는 그 답을 아는 것처럼 보인다.
She wants me to study hard.	to study(to부정사)가 me를 설명한다. 그녀는 내가 열심히 공부하기를 원한다.

* 분사는 형용사이다. (ing분사)
** 분사는 형용사이다. (ed분사)
*** to부정사도 형용사처럼 쓰인다. (셋째 주 to부정사, 동명사, 분사 삼총사 잡기에서 자세히 설명)

관계대명사가 이끄는 절은 문장에서 형용사 역할을 한다.

Tip! 관계대명사

I know the girl who lives in that house. (나는 저 집에 사는 소녀를 안다.)

I know the girl.   +   The girl lives in that house.
(나는 그 소녀를 안다.)   (그 소녀는 저 집에 산다.)

여기에서 who lives in that house는 girl이라는 명사를 형용사처럼 꾸민다.

c. 부사

Tip! 명사 + ly = 형용사 / 형용사 + ly = 부사

보통 부사는 ~ly로 생겼다. 그러나 명사에 ~ly가 붙으면 형용사이다.
lovely (사랑스러운), daily (매일의), friendly (친근한)

C. 셋째 주 : to부정사, 동명사, 분사 삼총사 잡기!

4	to 부 정 사	1. 명사적 용법의 to부정사 2. 형용사적 용법의 to부정사 3. 부사적 용법의 to부정사 4. to부정사의 의미상의 주어, too~to, enough to	To study is hard. I want to study hard. My dream is to be a doctor. I want something to drink. He seems to know the answer. I go to school to study hard. I am happy to see him. I want something cold enough to drink. It is too hot to drink. The quiz is easy enough for me to solve.
5	동 명 사	1. 동명사의 쓰임 2. 동명사와 to부정사	Swimming is fun. I enjoy swimming. My hobby is swimming. I am good at swimming. I go to the swimming pool.
6	분 사	1. 현재분사와 과거분사 2. 분사구문	The swimming girl is my sister. The broken window is dangerous. Finishing my homework, I watched TV.
11	수 동 태	1. 능동태와 수동태 2. 수동태의 여러 가지 형태 3. 주의해야 할 수동태	Anne writes the novel. The novel is written by Anne. 4형식 I give him a book. He is given a book by me. A book is given to him by me. 5형식 I called her Happy. She was called Happy by me.

a. to부정사와 동명사

to부정사는 아직 안했다!

To study is hard.

I want to study hard.

My dream is to be a doctor.

I want something to drink.

He seems to know the answer.

I go to school to study hard.

I am happy to see him.

I want something cold enough to drink.

It is too hot to drink.

The quiz is easy enough for me to solve.

공부하는 것은 어렵다.

(아직 공부 안 하고 있다)

나는 공부를 열심히 하길 원한다.

(항상 원한다. 그러나 아직 안 한다)

내 꿈은 의사가 되는 것이다.

(아직 의사 안됐다)

나는 마실 무언가를 원한다.

(공부만 하려고 하면 마실 것을 찾는다. 아직 안 마셨다)

그는 그 답을 아는 것처럼 보인다.

(확실히 아는지는 모르겠다)

나는 열심히 공부하기 위해 학교에 간다.

(아직도 공부 안 했다)

나는 그를 봐서 행복하다.

(이제 만날 거다)

나는 마시기에 충분히 차가운 무언가를 원한다.

(아직 안 마셨다)

그것은 마시기에 너무 뜨거워서 마실 수 없다.

(안 마셨다)

그 퀴즈는 내가 풀기에 쉽다.

(이제 풀 거다)

동명사는 이미 했다!

동명사는 동사가 'ing'를 붙이고 명사로 변한 것이다.
동사가 명사로 변했기 때문에 이름도 '동명사'이다.

Swimming is fun.

I enjoy swimming.

My hobby is swimming.

I am good at swimming.

I go to the swimming pool.

수영하는 것은 재미있다.

(이미 수영을 했으니까 재밌는 것을 안다)

나는 수영하는 것을 즐긴다.

(이미 수영을 즐기고 있다)

나의 취미는 수영하는 것이다.

(취미생활로 수영을 하고 있다)

나는 수영을 잘한다.

(수영을 하고 있으니 잘하는 것이다)

나는 수영장에 간다.

(수영하는 풀이 아니라, 수영하기 위한 풀이다) *

* swimming pool (동명사) / swimming girl (분사)

b. 분사

"분사가 뭐야?"

"음, 'ing'는 능동, 진행이고, 'ed'는 수동이고 그런 거요."

"그럼, 분사의 품사는 뭘까?"

"분사의 품사요?"

보통 문법 수업을 하다 보면, 이런 경우가 많다. 그냥 분사는 분사고, 동명사는 동명사라고 문법 공부를 하고 있는 것이다. 이렇게 되면 외울 것도 너무 많고, 간단한 문법지도가 그려지지 않는다. 영어문법은 품사와 자리에서 끝난다. 삼총사는 동사에 to와 ing/ed를 붙이고, 명사, 형용사, 부사로 변신한 아이들이다. 분사는 '형용사'로 변신했다. 즉, 명사를 꾸며주거나 보어자리에 산다.

● 현재진행과 수동태는 보어자리에 있는 분사!

She is swimming.

그녀는 수영하는 중이다.

(그녀는 수영하는 상태임을 보충설명한다.)

The window is broken by Tom.

창문이 탐에 의해 깨졌다.

(창문은 깨진 상태임을 보충설명한다.)

Tip 1. 중학교 시험에 나오는 to부정사

1. to부정사 쓸래? 동명사 쓸래?

want(원하고), plan(계획하고), hope(희망하면)는 아직 안 한 행동이므로 to부정사를 쓴다.

enjoy(즐기고), keep(유지하고), finish(끝내면)는 이미 한 행동이므로 동명사를 쓴다.

2. to부정사의 명사적 용법, 형용사적 용법, 부사적 용법 구별하기!

주어, 목적어, 보어자리에 쓰이면 명사!

명사를 꾸미거나 보어자리에 있으면 형용사!

동사 꾸미고, 형용사 꾸미고, 부사 꾸미면 부사!

3. too~to, enough to를 so~that으로 바꾸기!

(that을 쓰려면 주어, 동사가 필요하다!)

He is too tired to study English.

(그는 너무 피곤해서 영어를 공부할 수 없다.)

→ He is so tired that he can't study English.

He is smart enough to study English.

(그는 영어를 공부할 만큼 충분히 똑똑하다.)

→ He is so smart that he can study English,

4. to부정사의 의미상 주어, for 쓸래? of 쓸래?

** to부정사의 의미상 주어는 for를 쓰지만, 사람의 성격을 나타내는 형용사인 경우 of를 쓴다.

The tea is hot for me to drink. (나에게는) 그 차는 마시기에 너

무 뜨겁다.

kind / polite / stupid 친절하고, 예의바르고, 멍청한 경우

It is kind of you to help me. (네가) 나를 도와주다니 친절하구나!

Tip 2. 중학교 시험에서 'ing'에 밑줄이 있으면?

1. 형용사인지 명사인지를 묻는다!(분사와 동명사 구별하기!)

He is swimming. (형용사)

My hobby is swimming. (명사)

swimming girl (형용사)

swimming pool (명사)

전치사 + ing (명사)

2. 'ing' 쓰는 분사인지, 'ed' 쓰는 분사인지 묻는다!

사람은 ~ing 동작을 하고, 사물은 ~ed 당한다.	TV는 ~ing 하고, 그걸 보는 나는 ~ed 당한다.
The swimming girl is my sister. The broken window is dangerous.	TV is boring. (TV가 잘못했네.) I am bored. (나는 지루한 애가 아니야! TV 때문에 지루해졌어.)

D. 넷째 주 접속사! 관계사! 가정법 절 잡기!

9	접속사	1. 시간, 이유, 결과의 종속접속사 2. 조건, 양보의 종속접속사 / 명령문 + and, or~
10	관계사 ** 둘째 주(품사) 와 중복	1. 관계대명사 2. 관계대명사 that, what / 관계대명사의 생략 3. 관계부사
12	가정법	1. 가정법 과거, 가정법 과거완료 2. I wish + 가정법, as if + 가정법
13	일치와 화법	1. 시제의 일치 2. 화법

a. 절이란?

이제부터는 드디어 한 문장에 동사가 2개씩 등장한다.

절이란? 주어와 동사가 있어야 절이다.

a cat 아직 절이 아니다.

with a cat 아직 절이 아니다.

play with a cat 아직 절이 아니다.

We play with a cat. 절이다! 주어 We와 동사 play가 있다!

절을 공부할 때에는 반드시 진짜 동사와 가짜 동사를 구별하는 법을 배워야 한다. 종속접속사, 관계대명사, 명사절 이런 용어를 배우는 것 보다 중요한 것은 진짜 동사를 찾는 일이다. 문장이 길어졌어도, 두 문장이 합쳐졌어도, 그 문장을 지배하는 진짜 동사는 하나이다.

명사절 He thinks that she is smart. 그는 그녀가 똑똑하다고 생각한다. (진짜 동사 thinks)

부사절 When I was young, I studied hard. 내가 어렸을 때 나는 공부를 열심히 했다. (진짜동사 studied)

관계사절 I know the girl who lives in that house. 나는 저 집에 사는 소녀를 안다. (진짜 동사 know)

가정법 If I were you, I would study hard. 내가 너라면 열심히 공부할 텐데. (진짜 동사 would study)

화법 She told me that she loved Tom. 그녀는 나에게 그녀가 탐을 좋아한다고 말했다. (진짜 동사 told)

b. 문장이 길어져도 해석은 앞에서 뒤로 순서대로 한다!

He thinks that she is smart. 그는 생각한다 그녀가 똑똑하다는 것을

I know the girl who lives in that house. 나는 그 소녀를 안다 어떤 소녀? 저 집에 사는

She told me that she loved Tom. 그녀는 나에게 말했다 그녀가 탐을 사랑한다고

c. 절 부분은 해석과 영작을 할 수 있어야 한다.

If I were a bird, I could fly to you.
내가 새라면 너에게 날아갈 수 있을 텐데.

현재 사실 반대

If 주어 과거동사, 주어 would [should, could, might] 동사원형

직설법은 As 주어 현재동사(반대), 주어 현재동사(반대)

As I am not a bird, I can't fly to you.

나는 새가 아니기 때문에 나는 너에게 날아갈 수 없어.

이렇게 공식은 줄줄 외우면서 정작 한국말을 영어로 바꾸라고 하면 아직 안 외웠다고 대답하는 학생들이 있다. 자! 문법을 배우는 이유는 영어로 된 글을 읽고 영어로 글을 쓰기 위해서 영어 문장의 설계도를 배우는 것이다. 설계도는 배웠는데 그릴 수가 없다면 새 집을 지을 수 없지 않을까? 절까지 영어문법을 공부했다면 영어 문법의 기초는 다 배운 것이다. 이제 영어 문장을 만들 수 있어야 한다. 문장을 만들 수 있어야 하고 싶은 말도 만들 수 있다. 회화책에 있는 문장을 줄줄 외워도 막상 말하려고 하면 상대방이 패턴대로 물어봐주지 않는다.

Hi, I'm Tom. How are you?

I'm fine, and you?

내가 중학교 때 배운 회화는 실제로 써먹을 일이 한 번도 없었다. 상대방이 "and you?"라고 물어봐주지 않으면

나는 무슨 말을 하지? 이상한 고민을 했던 적도 있다.

"I am worried about the math test."
내일 수학시험이 걱정된다는 친구에게

"If I were you, I would study hard."
"내가 너라면 지금 공부하겠다"라는 말을 할 수 있어야 한다.

우리는 항상 머릿속으로 한국말을 생각한다. 한국어 원어민이기 때문이다. 아무리 문법을 외워도, 아무리 영어 공부를 해도 한국말로 떠오른 생각을 영어 문장으로 만들 수 없다면 영어로 말을 할 수가 없다. 모든 문장을 다 암기할 수는 없지 않은가?

문법 문제집을 풀 때 문제 풀이와 해석도 중요하지만, 영작하라는 문제는 절대 포기하지 말자! 학원에서 수업을 하다 보면 영어가 힘든 학생들은 대부분 주관식 문제는 빈칸이고 영작은 손도 대지 않으려고 한다. 답지를 보고 외우면 된다고 생각하는 경우도 있다. 우리가 영어 문법을 배우는 이유는 집을 짓는 뼈대를 설계하는 방법을 배우기 위해서이다. 설계도를 배우고 스스로 만들어 보는 과정을 포기하지 말았으면 좋겠다. 고등학교에 가면 서술형 내신이 기다리고 있고, 절 부분의 기본 영작들은 반드시 중학교 때 연습이 되어 있어야 한다.

Tip! 가정법 공식은 꼭 외우자!

문법 문제집을 공부할 때 반드시 외워야 하는 문법이 있다. 그중 하나가 가정법 공식이다. 가정법 과거, 가정법 과거완료, 혼합가정법이라는 용어 때문에 더 헷갈리는 것이 가정법 문법이고, 그래서 공식 암기는 더 중요하다.

** 가정법은 공식만 외우면 된다.

가정법 과거	가정법 과거완료	혼합가정법
If 주어 과거동사, 주어 (would, should, could, might) 동사원형	If 주어 had pp, 주어 (would, should, could, might) have pp	If 주어 had pp, 주어 (would, should, could, might) 동사원형
현재사실반대	과거사실반대	과거사실을 현재 후회
내가 너라면 공부 열심히 할 텐데.	내가 중학생의 너였다면 난 서울대에 갔을 텐데.	내가 중학교의 너였다면, 지금 서울대 교수할 텐데.

** if, I wish, as if 함께 정리!

If 주어 과거동사, 주어 (w/s/c/m) 동사원형	If 주어 had pp, 주어 (w/s/c/m) have pp
I wish 주어 과거동사	I wish 주어 had pp
as if 주어 과거동사	as if 주어 had pp

나만의 영문법
보물지도 만들기!

자! 이제 영어 성공으로 가기 위한 나만의 보물지도를 만들어야 한다. 직접 그려보자! 처음이 어렵다면 이 책의 과정을 그대로 따라 하면 된다. 모든 학습의 시작은 모방과 암기이다. 기본적인 개념이 잡혀 있어야 응용도 가능하기 때문이다. 나는 학원 학생들에게 반복적으로 이 보물지도를 그리게 한다. 문제 한 개 풀고 설명해 주는 것은 쉽다. 그러나 정말 중요한 것은 학생이 스스로 개념을 정리하는 것인데, 이것이 정말 어렵다. 여러 번 알려주고 그리게 해도, 놀랍게도 그릴 때마다 기억이 안 난다고 하는 학생들이 있다. 그때마다 다시 예문을 정리해주고 그려준다.

"괜찮아, 또 그려줄게."

10번 이상 반복되면 이제 학생도 미안해한다.

'그래도, 괜찮다. 아직, 중학교 2학년이잖아. 어차피 평생 가져갈 보물지도, 가져만 가면 성공이지 뭐!'

영문법 어디까지 아니? 중학교 교과서 문법 포인트 정리

	중1	중2	중3
1과	be동사, 일반동사	주격 관계대명사, 접속사 if	관계대명사 what, 지각동사 + 목적어 + 동사원형
2과	의문문, 현재진행	목적격 관계대명사, 의문사 + to부정사	분사 ~ing /~ed, 접속사 since /though
3과	명령문, 조동사 can, will	가주어 it, to부정사 형용사용법	현재완료진행, so-that
4과	동사의 과거형, There is/There are	수동태, 원급비교	관계부사, 접속사 if / whether
5과	동명사, 비인칭주어 it	want + 목적어 + to 동사원형, Before	과거완료, it-that 강조구문
6과	to부정사 명사용법, 감각동사 + 형용사	let + 목적어 + 동사원형, too-to	to부정사 의미상 주어, 가정법 과거
7과	be going to 동사원형, 비교급/최상급	have pp 현재완료, 분사 ~ing	분사구문, 조동사 수동태
8과	접속사 that, 시간접속사 when/ before/after	최상급, 의문사절	조동사 have pp, 관계대명사의 계속적 용법

** 천재(이재영) 중1~3 교과서

4

CHAPTER

MVP 학습법 :
단어 습관(Voca Habit)으로
영단어 잡기!

내 머릿속의 지우개
– 단어시험의 함정

　영단어는 모든 중·고등학생의 영원한 숙제이다. 도대체 얼마만큼 외워야 끝이 나는 걸까? 미안하지만 영단어 암기의 끝은 없는 것 같다. 원서를 손에 들고 다니며 자주 접한다고 해도, 모르는 단어는 나오기 마련이다. 외국어를 공부하는 한, 단어학습의 부담에서 벗어나기는 힘들다.

　그렇다고 모든 영어 공부를 영단어 암기로 생각하면 안 된다. 영단어는 독해를 하기 위한 재료일 뿐이지, 단어 하나로 영어가 완성되진 않는다. 그럼에도 불구하고 영단어 암기는 중요하다. 일단 단어라는 재료가 있어야 문장 해석도 하고 독해도 할 수 있으니까!

나는 단어장을 리스트화해서 단어시험 보는 방법을 좋아하진 않는다.

하루에 30개씩! 5 이상 틀리면 재시험!
내일은 오늘 단어 포함 30개!

이 방법은 사실 선생님과 학부모가 가장 좋아하는 방법이다. 관리가 쉽고, 공부했는지 안 했는지 눈에 보이는 결과가 나오기 때문이다. 그런데, 이 방법은 영어 공부를 꾸준히 잘하는 학생들에게 꼭 필요한 방법은 아니다. 특히 초등학생이라면 아이의 학습 부담만 가중시키고, 영어 공부는 무조건 단어 암기라는 잘못된 생각을 심어줄 수도 있다. 또한 초등학생들에게 리스트화된 단어시험은 단어와 단어의 발음을 함께 공부시키지 않을 가능성이 높다. 제대로 된 발음으로 읽지도 못하면서, 오늘 외웠으나 내일 잊어버리는 공부를 하고 있는 것이다.

그런데, 지금 학년 수준의 어휘 수준이 안 되는 경우라면 긴급 처방으로라도 단어시험 보는 방법을 사용해야 한다. 급하기 때문이다. 아무리 급하더라도 반드시 음원

과 지문이 함께 따라와야 한다. 단어시험 백점 맞은 게 중요한 게 아니다! 제대로 영단어 학습을 하고 싶다면 다음 두 가지를 고민해야 한다.

"발음이 맞나?"
"오늘 이 단어를 외우면 오늘 공부하는 지문에 나오나?"

영단어 학습의 열쇠는
품사다!

영어 공부하려고 책상에 앉았다.

독해 문제집을 펼쳤다.

지문 첫 줄부터 모르는 단어가 나오기 시작한다.

핸드폰으로 단어를 찾는다.

---

demand

1. 명사 / (강력히 요청하는) 요구

2. 명사 / (어렵거나 힘이 드는) 일(부담), 요구(되는 일들)

3. 동사 / 요구하다, 강력히 묻다, 따지다

4. 동사 / 필요로 하다, 요구되다

<네이버 영어사전>

단어 바로 밑에 작게 적어 놓는다.

'이 중에 무슨 뜻일까?'

지금 하고 있는 영어 공부가 이런 과정이라면 일단 멈추자! 아직 독해 문제집을 풀 때가 아니다. 현재 중학생이고 초등학교 단어 1,000개 정도를 가지고 있다면 그 이후의 영단어 공부는 품사와 함께 해야 한다. 영어 단어는 주어, 동사, 목적어, 보어, 수식어 자리 중에 어디에 들어가느냐에 따라서 품사가 정해진다. 즉, 같은 단어도 자리에 따라 뜻이 달라질 수 있고, 품사 구별이 안 된 상태에서 단어만 외우면 독해 자체가 안 된다.

She books a ticket.
그녀는 책들 한 표 (???)

→ 여기에서 book은 (예약하다)라는 동사로 쓰였다.

(그녀는 티켓을 예매한다.)

요즘은 핸드폰으로 쉽게 단어를 찾을 수 있어서 학생들이 독해를 하면서 핸드폰을 손에서 놓질 못한다. 계속 단어를 찾으며 독해를 단어 뜻으로 때려 맞추고 있는 것이다. 심지어는 찾은 단어를 적지도 않는다. 다시 핸드폰으로 찾으면 되니까.

이런 식의 영어 공부는 단어 공부도, 독해 공부도 아니다. 나는 중학생들이 시험을 위한 독해를 해내려면 문법 공부가 제일 우선이라고 생각한다. 한 문장이 해결되어야 전체 지문이 읽히는 것이고, 한 문장을 읽어내려면 품사와 자리 개념 없이는 불가능하다. 단어만 외워서 단어를 나열하는 수준의 독해가 아닌 진짜 독해를 위해서 말이다.

단어공부 어떻게 할까요?

초등 단어 1,000개 정도는 알아야 한다! 그래야 품사 구별이 의미가 있다.

단어를 학습할 때 품사를 확인하는 습관을 들이자!

뜻이 여러 개인 경우 핵심 이미지를 생각해 보자!

모르는 단어가 너무 많은 교재라면 교재 레벨을 낮추는 것이 낫다.

영단어 파생어의 비밀
– 영단어 3등분

"단어를 못 읽겠어요."

(우리 학원 아이들은 단어를 모르면 뜻이 아니라 발음부터 묻게 되어 있다!)

undesirable

"이 단어 너 아는 건데?"

desire

"욕구?"

"이거 읽어봐!"

desirable

"able이 무슨 뜻이지? can 이랑 바꿔 쓸 수 있는 거 있지?"

"be able to~ 할 수 있다요! 아~ 욕망할 수 있는?"

"그치! 앞에 un 붙었잖아! 이제 읽어봐!"

"undesirable 바라지 않는 이구나!"

학생이 단어 뜻을 물었을 때 그냥 뜻만 알려주는 것은 쉽다. 그러나 뜻만 알려주면 그 학생은 모든 단어를 다 물어봐야 한다.

desire

desirable

undesirable

이 세 단어를 모두 새로운 단어로 외우면 안 된다. 영어 단어가 힘든 학생들은 조금만 스펠링이 길어지면 무조건 못 읽는다. 단어가 어렵다는 경우를 보면 짧은 단어는 그리 어려워하지 않는다. 대부분 3음절 이상의 긴 단어를 어려워하고 외우기도 힘들어 한다. 파생어 개념을 모르기 때문이다. 단어를 못 외우는 가장 큰 원인 첫 번째는 그 단어를 못 읽는 것이고, 두 번째는 파생어와 품사 개념이 없는 것이다.

refrigerator (냉장고)

학원에서 영어 단어 골든벨을 했을 때, 마지막 문제가 이 단어의 스펠링을 대답하는 것이었다. 자! 지금부터 이 단어를 외워보자!

r-e-f-r-i-g-e-r-a-t-o-r 냉장고

혹시 이렇게 외우고 있진 않은가? 그리고 이 단어를 발음했을 때 원어민이 알아들을 수 있을 정도의 발음인 지도 확인했으면 좋겠다.

1단계 fridge (1음절 [frij] *freeze 얼리다)
2단계 fridge -ra -tor (3음절 ~or 명사꼬리)
3단계 re - fridge - ra - tor (4음절 re ~다시)

명사의 앞은 뜻을 바꾸고, 명사의 뒤는 품사를 바꾼다! 어려운 단어가 나오면 일단 3등분을 해보자!

영단어 습관 만들기

1. 습관이 제일 어렵다!

다이어트를 하고 싶은가? 아침마다 30분만 뛰어도 살이 빠진다. 문제는 30분이 아니라, 매일이다. 그래서 대다수의 사람들은 다이어트에 성공하지 못한다. 나는 주변에 다이어트에 성공한 사람을 보면, 정말 존경한다. 그사람의 매일매일이 아무나 할 수 있는 일이 아니라는 걸알기 때문이다. 자기계발서 대부분은 습관을 이야기한다. 습관이 나를 바꾸고, 내가 바뀌어야 성공에 한 걸음더 다가갈 수 있기 때문이다. 당연한 이야기이지만 공부

도 습관이다. 공부 습관이 잘 잡힌 아이들이 공부를 잘
한다. 이제 영단어 학습에 습관을 붙여 보려고 한다.

습관 : 매일 하는 일상에 습관을 더하면 효과적이다!
양치 전 → 집에서 나가기 전 → 점심 후 → 자기 전 (3~4번 반복)

1단계 : 어느 단어 책도 상관없다. 집에 있는 단어 책 하나를 집어
들자! 침대 옆에 두고 자기 전에 소리 내어 읽는다. 읽다
가 모르는 단어 10개가 나오면 멈춘다.
2단계 : 다음 날 아침 양치하기 전 모르는 단어 10개를 형광펜으
로 표시하고 발음을 확인한다! (핸드폰 영어사전앱 활용)
3단계 : 학교에 가기 전 10개의 단어를 작은 수첩에 옮겨 적는다.
단어 책은 집에 놓고 가자.
4단계 : **점심을 먹고 수첩에 10개의 단어를 써본다. 몇 개까지
쓸 수 있는가?**
5단계 : 잠자기 전 단어 책을 다시 집어 들고 오늘 아침에 읽은
단어를 다시 소리 내어 읽는다. 그리고 다음날 공부할 단
어 10개가 나올 때까지 읽기!

이 방법은 내가 사이버한국외대 중국어학부 과정 중
해외연수 프로그램 수업을 들을 때 썼던 방법이다. 중국
어는 한자를 외워야 해서 너무 힘들었다. 쉬운 초급 수업
이었지만 나는 기초 단어도 제대로 외우지 못할 만큼 왕
초보였다. 아무리 외워도 수업 시간에는 기억이 나지 않

았다. 결국 방법을 바꾸었다. 아침에 교실에 가자마자 그냥 빈 종이에 내가 외운 단어를 써보는 거였다. 분명히 외웠다고 생각했는데 생각보다 몇 개 떠오르지 않았다. 10개의 단어를 기억해서 쓰려면 머리를 쥐어짜야 했고, 그렇게 써낸 단어는 정말 내 것이 되었다. 처음에는 10개로 시작했던 단어를 1주일 만에 20개 써내기도 했다.

영어 단어를 공부할 때도 처음 시작은 10개로 시작하자! 방금 외운 단어도 하얀 종이에 쓰다 보면 다 못 쓰는 경우가 많다. 고민하며 수첩에 직접 적은 단어들이 내 머릿속에 저장된 단어들이다. 그리고 하루에 여러 번 반복하면 그 단어는 내 것이 된다.

어쩌면 이 방법은 하루에 10분씩 매일 뛰기보다 어려울 수 있다. 습관으로 만들기란 결코 쉬운 일이 아니기 때문이다. 그래도 1주일, 한 달, 이렇게 꾸준히 하다 보면 나만의 단어 학습 루틴이 생길 것이다. 편한 방법으로 공부하면 그만큼 편하게 잊어버린다. 우리 뇌는 우리가 중요하다고 생각하는 정보를 더 기억하려고 애쓴다. 하루에 3번, 4번, 5번씩 이 단어가 나에게 중요하다고 뇌에게 알려주는 것이다.

2. 10개 단어 선정의 기준!

① 가장 좋은 방법은 지금 공부하고 있는 교재의 모르는 단어 10개로 하는 것이다. 문법 교재도 좋고, 독해 교재도 좋다. 내가 외운 단어를 교재에서 확인할 수 있는 단어 공부가 제일 좋은 방법이다!

② 영단어가 너무 어렵거나, 기초단어가 부족한 경우 단어장의 도움을 받는 것도 좋다. 이때 단어장을 나에게 너무 어려운 책으로 고르지 말고, 10개 중 6~7개는 아는 단어장을 선택하자! 그리고 외워야 할 10개 단어 선정의 기준은 모르는 단어 기준이다. 단어장으로 영단어 공부를 하기로 했다면 무조건 끝까지 가자! 단어장 끝까지 가지 못하는 영단어 공부는 정말이지 헛수고다!

③ 이제 고등학교 독해를 준비해야 하는 수준이라면 무조건 수능 단어장을 선택해서 10개씩 반복적으로 외우자! 이때의 10개 단어선정의 기준은 모르는 단어 기준이다.

"뇌야! 이건 진짜 진짜 중요한 거야!!!"

그렇게 하면 우리 뇌는 그 단어를 머릿속 깊숙이 저장

하기 시작한다. 그리고 정말 깊숙이 저장하고 싶다면 반복해야 한다. 1번, 2번, 3번, 4번 반복할수록 뇌는 더 깊이 저장해 준다. 그 단어는 절대 잊어버리지 않는 내 것이 되는 것이다.

영어 단어, 몇 개나 외울까요?

초등학교 어휘의 기준은 학교 교과서이고, 중학생 어휘의 기준도 학교 교과서이다. 학교 교과서를 읽고 쓸 줄 안다면 학년 수준의 단어는 알고 있는 것이다.

"그럼 학교 교과서 수준의 단어는 몇 개인가?"

초등어휘 1,000개
중등어휘 2,000개
고등어휘 3,000개

물론 수능을 보기 위해서는 교과서 단어보다 더 많은 단어를 알아야 하고, 고득점을 위해서는 다양한 독해를 통해 어휘 수를 늘려야 하지만 일단 여기서는 중학교 2학년 수준의 영어 단어 기준을 간단히 소개하려고 한다.

중학교 2학년이라면 시중 영단어 책의 2,000개는 외워야 한다!

단! 레벨별로 단어 학습법이 다르다!

Level 1. 초등어휘 1,000개도 어렵다!

이미 중학생이 되었는데, 초등어휘 1,000개도 어려운 수준이라면 우선 파닉스 학습부터 문제가 생겼을 수 있다. 즉, 단어를 못 읽는 단계이다. 조금만 스펠링이 길어져도 더듬거리며 읽고 있다면 모음 소리 기준으로 영어 단어를 읽을 줄 모른다는 뜻이다.

자, Level 1의 학생이라면 지금 당장 중학교 디지털교과서를 핸드폰에 다운로드하자.

(디지털교과서 활용 방법은 p.210에!)

단어 수에 욕심내지 말고 시험 범위의 본문부터 소리 내서 읽어보자. 하루에 한 페이지도 좋고, 두 페이지도 좋다. 디지털교과서는 문장마다 소리를 듣고 따라 말할 수 있고, 특히 중요한 단어를 누르면 발음과 의미가 바로 나타난다. 중학교 교과서 한 과의 본문 페이지는 4페이지이다. 매일 1페이지씩 1주일에 1과만 연습해도 2달이면 1권을 끝낼 수 있다. 한번 교과서 단어를 확인했다면 다시 반복할 때에는 모르는 단어가 많이 줄어 있을 것이다. 단어는 반복이 생명이고, 단어를 반복해서 학습하려면 일단 읽을 줄 알아야 한다. 못 읽는 단어는 절대로 외울 수 없다는 것을 명심하고 반드시 소리 내어 본문을 따라 읽어보도록 한다.

> Tip!
>
> 이 단계에서 단어장은 의미가 없다. 당장 학교 교과서를 읽어내는 것이 최우선이다. 교과서의 내용과 함께 단어를 외우는 것이 효과적이고, 학교 수업시간과 시험공부 할 때 반복할 내용이기 때문에 자연스럽게 반복 학습도 가능하다.

Level 2. 중학교 교과서는 읽고 해석이 된다!

(단어장은 1권을 여러 번 반복하자!)

이 정도 수준이라면 단어장으로 공부를 해도 좋다. 서점에 가면 좋은 단어장이 많다. 단어장을 선택할 때에는 하루에 학습해야 할 단어 20개 중에 15개 이상은 아는 단어장을 선택해야 한다. 10개 이상 모르는 단어장이라면 조용히 내려놓아라. 어차피 못 외운다. 모르는 단어가 너무 많다면 단어장을 끝까지 학습하기 쉽지 않다. 자, 이제 단어장을 선택했다면, 앞에서 설명한 습관으로 단어를 외우자!

여기에서 주의할 점은 전체 단어장을 3번 반복할 때까지 절대 다른 단어장을 사지 말아야 한다는 것이다. 많은 학생이 단어장 초반에만 열심히 하다가 끝까지 못 가는 경우가 많다. 그리고 또 다른 단어장을 찾는다. 다시 한번 말하지만 단어장을 구입했다면 무조건 끝까지 가야 한다. 끝까지 학습한 후에 같은 단어장을 2~3번 반복하는 것이 효과적이다. 단어학습의 핵심은 반복된 노출이다. 단어는 내가 많이 볼수록 쉬운 단어가 된다. 한 권의 단어 책을 2번, 3번 반복해서 내 것으로 만들자!

Tip! Self Test

단어장의 문제를 풀어봤다고 끝내면 안 된다! 교재를 보지 말고 머릿속 저장된 단어를 수첩에 써보자!

단어장에 있는 하루 단어를 20개 공부한다고 가정해 보자. 단어장의 단어 발음도 들었고, 예문도 꼼꼼히 읽었고 미니 테스트도 봤다. 자! 이제 내 머릿속에 남아 있는 단어를 확인하자! 빈 종이에 써보는 거다. 10개 미만이 기억난다면 다시 공부하는 걸 추천한다. 꼭 기억했으면 좋겠다. 빈 종이에 쓰여 있는 단어만 내 머릿속에 저장된 단어이다.

Level 3. 고등 모의고사 지문 하나에 3~4개 정도의 단어를 모른다!

이제부터 단어싸움이다. 이 정도 수준이라면 수능 단어장을 선택해도 좋다. 수능을 보는 순간까지 그 단어장으로 반복 학습을 하는 것이다. 단, 반드시 독해와 함께 공부해야 한다. 이때부터는 독해를 많이 해서 어휘수를 늘리는 것이 가장 좋은 방법이다. 단어를 열심히 외우는데, 지문에서 그 단어를 볼 기회가 없다면 무슨 소용이 있을까? 그래서 Level 3의 수준이 안된다면 어려운 단어장을 외워도 도움이 되지 않는다.

모의고사 지문이나 EBS 수능특강 교재의 지문을 함께 학습하면서 틈틈이 단어장을 반복하자. 영단어를 많이 알수록 좋은 단계는 이 정도 수준부터이다. 모르는 단어가 나올 때마다 정리하고 외우려고 노력해야 한다. 단어장은 항상 가지고 다니고, 수능 보는 그날까지 단어를 외우고 있길 바란다.

영단어 습관 잡기! 동사부터!

A	B	C	D	F	G	I	L
act	bake	call	dance	fail	get	interview	land
add	bark	carry	die	fall	give	introduce	last
address	bathe	catch	dive	farm	go	invite	laugh
advise	beat	change	do	feed	grade	J	lead
agree	become	chat	draw	feel	greet	join	learn
allow	begin	check	dream	fight	grow	joke	leave
answer	believe	cheer	drink	fill	guess	judge	let
arrive	bend	choose	drive	find	guide	jump	lie*
ask	bind	clean	drop	finish	H	K	lie**
	block	climb	dwell	fix	hang	keep	lay
	blow	close	E	flash	happen	kick	lift
	book	collect	ease	float	hate	kill	light
	borrow	come	eat	flood	have	knock	like
	break	congratulate	end	flow	hear	know	list
	breathe	continue	enjoy	fly	heat		listen
	bring	cook	enter	focus	help		live
	brush	copy	examine	follow	hide		lock
	build	correct	excuse	fool	hit		look
	burn	cost	exercise	forget	hold		lose
	buy	cough	exit	form	hope		love
		count		freeze	hunt		
		cover		fry	hurry		
		crash			hurt		
		cross					
		cry					
		cut					

* 거짓말하다   ** 눕다

M	P	R	S	S	T	W
mail	pain	rain	save	solve	take	wait
make	paint	raise	say	sound	talk	wake
mark	pass	reach	score	space	taste	walk
marry	pay	read	search	speak	teach	want
match	pick	receive	see	speed	tear	wash
matter	pile	record	sell	spell	tell	waste
mean	place	relax	send	spend	text	watch
meet	plan	remember	sentence	stand	thank	water
melt	plant	repeat	serve	start	think	wave
mind	play	report	set	stay	throw	wear
miss	please	rest	shade	step	tie	welcome
mix	point	return	shadow	stick	touch	win
move	pour	reuse	shake	stop	train	wind
N	practice	review	shape	store	travel	wonder
need	press	ride	shine	study	try	work
note	produce	ring	ship	surprise	turn	worry
nurse	promise	rule	shop	swim	U	write
O	push	run	shout		understand	
open	put		show		use	
own	Q		sing		V	
	question		sit		view	
			sleep		visit	
			slide		vote	
			smell			
			smile			
			snow			

5

CHAPTER